निबन्ध

कला का जोखिम

लेखक की कृतियाँ

कहानी-संग्रह
परिन्दे (1959), जलती झाड़ी (1965), पिछली गर्मियों में (1968), बीच बहस में (1973), कव्वे और काला पानी (1983), प्रतिनिधि कहानियाँ (1988), सूखा तथा अन्य कहानियाँ (1995), थिगलियाँ (2024)

उपन्यास
वे दिन (1964), लाल टीन की छत (1974), एक चिथड़ा सुख (1979), रात का रिपोर्टर (1989), अन्तिम अरण्य (2000)

यात्रा-संस्मरण/डायरी
चीड़ों पर चाँदनी (1963), हर बारिश में (1970), धुंध से उठती धुन (1997)

निबन्ध/व्याख्यान
शब्द और स्मृति (1976), कला का जोखिम (1981), ढलान से उतरते हुए (1985), भारत और यूरोप : प्रतिश्रुति के क्षेत्र (1991), इतिहास स्मृति आकांक्षा (1991), शताब्दी के ढलते वर्षों में (संचयन, 1995), दूसरे शब्दों में (1997), आदि, अन्त और आरम्भ (2001), साहित्य का आत्म-सत्य (2006), सर्जना पथ के सहयात्री (2006)

नाटक
तीन एकान्त (1976)

अनुवाद
पराजय : अलेक्सांद्र फेदेयेव (1954), बचपन : टॉल्स्टॉय (1954), कुप्रिन की कहानियाँ : अलेक्सांद्र कुप्रिन (1955), रोमियो जूलियट और अँधेरा : यान ओत्चानाशेक (1964), खेल-खेल में : चेक कहानियाँ (1966), इतने बड़े धब्बे : चेक कहानियाँ (1966), झोंपड़ीवाले और अन्य कहानियाँ : मिहाइल सदौवेन्यु (1966), कारेल चापेक की कहानियाँ (1966), बाहर और परे : इर्षी फ्रीड (1967), आर.यू.आर. : कारेल चापेक (1972), एमेके : एक गाथा : जोसेफ़ श्कवोरेस्की (1973)

पत्र
प्रिय राम, प्रिय निर्मल (2006), देहरी पर पत्र (2009), चिट्ठियों के दिन (2009)

साक्षात्कार
संसार में निर्मल वर्मा (2006)

संचयन
दूसरी दुनिया (1978)

कला का जोखिम

निर्मल वर्मा

राजकमल प्रकाशन

पहली बार **राजकमल** से 1981 में प्रकाशित

ISBN : 978-93-6086-131-5

मूल्य : ₹795

पुनर्नवा संस्करण : मई, 2024

प्रकाशक : राजकमल प्रकाशन प्रा. लि.
1-बी, नेताजी सुभाष मार्ग, दरियागंज
नई दिल्ली-110 002

शाखाएँ : अशोक राजपथ, साइंस कॉलेज के सामने, पटना-800 006
पहली मंजिल, दरबारी बिल्डिंग, महात्मा गांधी मार्ग, प्रयागराज-211 001
1, अनमोल सोराबजी सन्तुक लेन, धोबी तलाव, मरीन लाइंस, मुम्बई-400 002

वेबसाइट : www.rajkamalprakashan.com
ई-मेल : info@rajkamalprakashan.com

मुद्रक : विकास कंप्यूटर एंड प्रिंटर्स
ट्रॉनिका सिटी-201 102

KALA KA JOKHIM
Essays by Nirmal Verma

Non-being and being emerge from the single ground. This single ground is called Darkness—to darken this darkness, that is the gate of all wonder.

—**Tao**

क्रम

रचना-यात्रा

नये संस्करण के बारे में

'कला का जोखिम' मेरे निबन्ध-संग्रह की दूसरी पुस्तक है, जो 'शब्द और स्मृति' (1976) के बाद प्रकाशित हुई थी। लगभग बीस वर्ष बाद इसका नया संस्करण प्रकाशित करते हुए प्रसन्नता होना स्वाभाविक है। दरअसल यह पुस्तक एक तरह से बीच की कड़ी है—'शब्द और स्मृति' तथा 'ढलान से उतरते हुए' को परस्पर जोड़ती हुई। आशा करता हूँ, कभी भविष्य में ये तीनों एक जिल्द में प्रकाशित हो सकेंगी, ताकि पाठक उन्हें एक साथ पढ़ सकें।

नये संस्करण में मैंने केवल भाषा के कुछ संशोधन किये हैं, विशेष कर उन लेखों में, जिनका अनुवाद अंग्रेज़ी से किया गया था। अपनी कुछ मान्यताओं को आज इतने बरसों बाद मैं कुछ अन्य रूप में प्रस्तुत कर सकता था, किन्तु उनमें सन्निहित विश्वास सही हैं, जिनसे उत्प्रेरित होकर मैंने ये निबन्ध लिखे थे। अत: मैंने उनमें अधिक छेड़छाड़ नहीं की है। वे मेरी चिन्तन-यात्रा के एक महत्त्वपूर्ण मोड़ को इंगित करते हैं जिनमें मैंने किसी तरह का परिवर्तन करना उचित नहीं समझा।

इस अवसर पर मैं अपने पाठकों के प्रति कृतज्ञता अवश्य व्यक्त करना चाहूँगा, जिन्होंने मेरे निबन्धों को मेरी कहानियों से अलग नहीं बल्कि उनका पूरक माना है। उनके सतत उत्साह और सहृदयता ने ही मुझे—अक्सर आलोचना की 'मुख्यधारा' के विरुद्ध—बराबर लिखते रहने के लिए प्रेरित किया है।

यह संस्करण उन्हीं के हाथों सौंपते हुए मैं अपना आभार प्रकट करना चाहूँगा।

6 जून, 2001

भूमिका

पुस्तक में अधिकांश वही लेख और निबन्ध शामिल किये गए हैं, जिन्हें मैंने पिछले ढाई-तीन वर्षों के दौरान लिखा था—अथवा विशेष मौक़ों पर गोष्ठियों या सेमिनारों में पढ़ा था। किन्तु एक-दो लेख ऐसे भी हैं, जिनका रचनाकाल काफ़ी पुराना है; उदाहरणत: संग्रह का पहला निबन्ध 'कला, मिथक और यथार्थ' इंस्टिट्यूट ऑफ़ एडवांस्ड स्टडीज़, शिमला (1974) में मूलत: अंग्रेज़ी में लिखा गया था, जिसका हिन्दी अनुवाद पहली बार इस पुस्तक में जा रहा है। 'रचना की ज़रूरत' त्रिनाले के अन्तर्गत आयोजित अन्तरराष्ट्रीय विचार-गोष्ठी में अंग्रेज़ी में पढ़ा गया था, जिसका हिन्दी अनुवाद श्री शानी ने किया है। संग्रह का अन्तिम निबन्ध 'सुलगती टहनी'—जो निबन्ध से अधिक एक यात्रा-चिन्तन है—मेरी विविध रचनाओं के संकलन (दूसरी दुनिया) से लिया गया है, क्योंकि मेरे विचार में इसका सही और उचित स्थान अपने समकालीन निबन्धों के साथ ही है।

आप जैसा देखेंगे, पुस्तक में संगृहीत ये निबन्ध किसी-न-किसी कोने से बराबर एक केन्द्रीय बिन्दु को छूने का प्रयास करते हैं—और वह है, आधुनिक सभ्यता में कला का स्थान। पिछले वर्षों मुझे लगता रहा है कि हमारी दुनिया में कला का स्थान दिनोदिन धुँधला, अनिश्चित और सन्दिग्ध बनता गया है, जो मेरी समझ में कला का सबसे बीहड़ जोखिम है। बीसवीं शती के आरम्भ में 'आधुनिक कला' ने जिस औद्योगिक सभ्यता की चुनौती में और उसके बीच—अपनी शक्तियों को समेटा था, आज इस शती की ढलती घड़ियों में, आधुनिक सभ्यता ने मानो प्रतिशोध में स्वयं कला को मनुष्य के जीवन में सन्देहास्पद बना दिया है। यदि केवल 'सन्देह' की स्थिति होती, तो शायद बहुत चिन्ता की बात न होती—हर युग में कला कमोबेश सन्दिग्ध रही है, दुनिया की आँखों में—किन्तु हमारे युग का विशिष्ट अभिशाप यह है कि जहाँ कला एक तरफ़ मनुष्य के कार्य-कलाप से विलगित हो गई है, वहाँ दूसरी तरफ़ वह एक स्वायत्त सत्ता भी नहीं बन सकी है, जो स्वयं मनुष्य की खंडित अवस्था को अपनी स्वतंत्र गरिमा से अनुप्राणित कर सके। कला का जोखिम शायद यही है कि क्या वह आज की जड़ित, पराधीन होती हुई सभ्यता में सम्पूर्ण रूप से स्वतंत्र रह सकेगी—और स्वतंत्र रहकर भी अपने अलगाव का अतिक्रमण कर सकेगी?

यह संयोग नहीं है और बहुत महत्त्वपूर्ण है कि जो कला का जोखिम है, वही आज रचनात्मक क्रान्ति की मूल चिन्ता का विषय भी बन गया है। आधुनिक समाज में क्या मनुष्य स्वतंत्र रहकर भी अपने अधूरेपन के अभिशाप से छुटकारा पा सकता है? मैं समझता हूँ, हमारे समय में जयप्रकाश जी ऐसे व्यक्ति थे, जिन्होंने इसका उत्तर अपने चिन्तन और जीवन-कर्म में दिया था। वह कलाकार नहीं थे,

किन्तु उनकी ज़िन्दगी एक ऐसी सम्पूर्ण रचना थी, जो स्वयं कला को उपकृत करती थी। पुस्तक के 'रचनाकार खंड' में जहाँ रेणु हैं, वहाँ जयप्रकाश जी भी हैं।

यह पुस्तक उन दोनों की स्मृति को समर्पित है।

नई दिल्ली
14 फ़रवरी, 1981

—निर्मल वर्मा

रचना-चिन्तन

कला, मिथक और यथार्थ

we are our own demons, we expel ourselves
from our paradise. **—गोएटे**

मनुष्य का आत्मबोध—यह कि मैं हूँ और मनुष्य हूँ—इतिहास में कोई बहुत पुरानी घटना नहीं है। हम इस घटना, इस आत्मबोध के इतने आदी हो गए हैं कि लगता है, मानो यह मानव स्वभाव का कोई 'शाश्वत तत्त्व' हो, उसके मनुष्य-तत्त्व से जुड़ा हुआ, मनुष्य की चेतना का अभिन्न भाव-चिरन्तन और सार्वभौम—जिसका दिशा-काल से कोई सम्बन्ध न हो। हम अक्सर भूल जाते हैं कि मनुष्य की आत्मचेतना—कि मैं धरती पर अकेला अजनबी हूँ और स्वयं अपनी नियति के लिए जवाबदेह हूँ—यहूदी-ईसाई परम्परा का अंग है जिसने पश्चिमी सभ्यता को एक विशिष्ट आध्यात्मिक चरित्र प्रदान किया था। इस परम्परा की अन्तिम परिणति—तार्किक परिणति—रेनासाँ मनुष्य के उस सर्वांगीण व्यक्तित्व में

प्रस्फुटित हुई, जिसे अपने 'अहं' पर भरोसा था, जो धरती के केन्द्र में था, (उसी तरह जैसे धरती सौरमंडल के केन्द्र में थी), जिसकी कसौटी पर दुनिया की हर चीज़ नापी जाती थी—आत्मविश्वासी, आत्मकेन्द्रित, गर्वीला मनुष्य।

मनुष्य को अपने इस गरिमा-मंडित आत्मगौरव के लिए काफ़ी भारी मूल्य चुकाना पड़ा। मध्यकाल में वह अपने धार्मिक विश्वासों के भीतर सुरक्षित था—चर्च की चहारदीवारी के भीतर इन विश्वासों पर शंका या सन्देह की आँच नहीं आ सकती थी। सुरक्षा की यह गरमाई आज भी हम यूरोप की मॉनेस्टरियों में देख सकते हैं, जिनकी तंग, सँकरी कोठरियों में भिक्षुक और भिक्षुणियाँ अपना जीवन बिताते थे। एक बन्द समाज में मनुष्य स्वतंत्र न भी हो, अपेक्षाकृत सुरक्षित रह सकता है, इसकी कल्पना कम-से-कम भारतवासी कर सकते हैं—या कुछ दशक पहले तक कर सकते थे। किन्तु यूरोप में रेनासाँ के बाद सुरक्षा की ये दीवारें एक-एक करके ढहने लगीं। मनुष्य अब खुले में था—स्वाधीन, किन्तु अरक्षित। एक समय में ईसाई विश्वदर्शन ने मनुष्य और दुनिया के बीच जो सेतु बनाया था, वह सहसा डगमगाने लगा था।

लूथर ने जो आघात चर्च की आस्था पर किया था, वह कुछ इतना गहरा था कि उसकी भग्न दरारों के बीच पहली बार आत्मशंका की छाया ने निकलकर यूरोपीय मानस को विचलित और उद्वेलित कर दिया था। अब मनुष्य अपने से भागकर कहीं और सिर नहीं छिपा सकता था। पास्कल शायद पहले ईसाई-चिन्तक थे जिन्होंने यूरोपीय मनुष्य के उस भयावह आतंक को समझा था, जो 'ब्रह्मांड के सूने मौन' से उत्पन्न होता है। पहली बार मनुष्य के भीतर यदि 'चिन्ता' (anxiety) की अनुभूति हुई, तो शायद इस बिन्दु पर—जब धर्म चेतना के धुँधले हाशिये पर लुप्त होता गया और दूसरी तरफ़ मनुष्य का अपना 'मैं', अपनी गौरवपूर्ण अस्मिता एक ऐसे संकीर्ण, अहंग्रस्त दायरे में सिकुड़ गई,

जहाँ वह अपने भीतर के अँधेरे के समक्ष नितान्त अवश पड़ता गया। क्या मतलब है इस अँधेरे का? इस प्रश्न के सामने वह बिलकुल निरुत्तर था। अब मनुष्य विश्व के केन्द्र में नहीं, अपने शून्य के केन्द्र में था—और वहाँ वह बिलकुल अकेला था।

इसलिए मनुष्य का आत्मबोध—अपने होने की चेतना—मानव स्वभाव का कोई शाश्वत गुण नहीं है; वह एक प्रक्रिया है, जो इतिहास में घटती है—एक दुर्घटना और वरदान, दोनों ही। इस प्रक्रिया में आशा और अपशगुन, दोनों ही निहित हैं—स्वतंत्रता की आशा और अकेलेपन का अपशगुन। मनुष्य की आत्मचेतना—दार्शनिक अर्थ में नहीं, जहाँ वह आत्मज्ञान होती है—बल्कि जैविक विकास के अर्थ में—जहाँ मनुष्य को अपने होने, अपने अस्तित्व का बोध होता है—वह आत्मचेतना व्यक्ति की मानसिकता में एक फाँक खींच देती है—और यह फाँक, यह दरार उतनी ही गहरी और विध्वंसात्मक है, जितना वह 'प्राथमिक पतन', जब मानव-जाति पहली बार प्रकृति के अभिन्न सम्बन्ध से टूटी थी, विलगित हुई थी और उसने एक सर्वथा उदासीन, सर्वथा भावशून्य विश्व में अपने को नितान्त सीमित, क्षुद्र और क्षणभंगुर पाया था। आज की सभ्यता का संकट और प्रदूषण उस ऐतिहासिक क्षण से शुरू हो गया था, जब मनुष्य प्रकृति से अलग छिटक गया था—यह मानव-सभ्यता और मनुष्य की यातना का समान स्रोत है, जो आज हमें घसीटकर 'अणु-युग' तक ले आया है।

मनुष्य का यह दुहरा अलगाव—प्रकृति से विलगित होना और समाज से अलग टूट जाना—यद्यपि ऐतिहासिक प्रक्रिया के दो अलग-अलग क्षण हैं, किन्तु मनुष्य की चेतना पर उनका प्रभाव बहुत कुछ एक जैसा है—दोनों स्थितियों में ही मनुष्य के भीतर एक भयावह अकेलापन—अनाथ हो जाने की कातरता—उत्पन्न हो जाती है; वास्तव में जब हम किसी 'समग्र इकाई' से टूटते हैं (चाहे वह बच्चे का माँ के

गर्भ से अलग होना ही क्यों न हो) तो यह अनाथ-भाव अनिवार्य रूप से हमें आक्रान्त करता है। किन्तु प्रकृति से अलगाव कहीं बहुत गहरे में समाज के अलगाव से भिन्न है; प्रागैतिहासिक-काल का आदिवासी प्रकृति से अलग टूटकर कम-से-कम अपने समूह से जुड़ा रहता है जिसके परिणामस्वरूप उसके निजी अनुभव, एक वृहत्तर अनुभव, एक सामूहिक चेतना का ही अंश हैं, जिसमें वह दूसरों के अनुभवों में साझा करता है और दूसरे उसके अनुभव में भाग लेते हैं। किन्तु इससे भिन्न एक सभ्य मनुष्य की आत्मचेतना केवल अपने तक ही केन्द्रित रहती है—उसका निजी व्यक्तित्व एक सम्पूर्ण इकाई है, जिसके भीतर वह समूची बाहरी दुनिया को समेट लेता है—जिसके कारण वह अपने को दूसरों के साथ नहीं, दूसरों के समक्ष या विरुद्ध पाता है। उसका अनुभव यदि दूसरों के अनुभवों में साझा भी करता है, तो अपनी शर्तों पर, एक विराट अनुभव का अंश बनकर नहीं, और जब वह अपने को किसी वृहत्तर इकाई (राज्य, तानाशाह या जाति) के प्रति समर्पित करता है, तो भी यह भावना कि 'मैं अपने को विलय कर रहा हूँ', उसकी चेतना पर एक याद, एक खरोंच की तरह दगी रहती है।

ऐतिहासिक सभ्य मनुष्य की यह पीड़ा—कि वह दूसरों से भिन्न या उनके विरुद्ध है—उस प्रागैतिहासिक मनुष्य की पीड़ा से एक गहरे अर्थ में अलग हो जाती है, जो अपने को प्रकृति के समक्ष तो अकेला पाता है, किन्तु अपने भीतर अकेला महसूस नहीं करता। वास्तव में मिथकों का जन्म ही इसलिए हुआ था कि वे प्रागैतिहासिक मनुष्य के उस आघात और आतंक को कम कर सकें, जो उसे प्रकृति से सहसा अलग होने पर महसूस हुआ था—और मिथक यह काम केवल एक तरह से ही कर सकते थे—स्वयं प्रकृति और देवताओं का मानवीकरण करके। इस अर्थ में मिथक एक ही समय में मनुष्य के अलगाव को प्रतिबिम्बित करते हैं, और उस अलगाव से जो पीड़ा उत्पन्न होती है, उससे मुक्ति भी दिलाते हैं।

प्रकृति से अभिन्न होने का नॉस्टाल्जिया, प्राथमिक स्मृति की कौंध, शाश्वत और चिरन्तन से पुनः जुड़ने का स्वप्न—ये भावनाएँ 'मिथक' को सम्भव बनाने में सबसे सशक्त भूमिका अदा करती हैं। सच पूछें, तो मिथक और कुछ नहीं—प्रागैतिहासिक मनुष्य का एक सामूहिक स्वप्न है जो व्यक्ति के स्वप्न की तरह काफ़ी अस्पष्ट, संगतिहीन और संश्लिष्ट भी है। कालान्तर में पुरातन अतीत की ये अस्पष्ट गूँजें, ये धुँधली आकांक्षाएँ एक तर्कसंगत प्रतीकात्मक ढाँचे में ढल जाती हैं और प्राथमिक यथार्थ की पहली, क्षणभंगुर, फिसलती 'यादें' महाकाव्यों (epic) की सुनिश्चित संरचना में गठित होती हैं। मिथक और इतिहास के बीच महाकाव्य एक सेतु है, जो पुरातन स्वप्नों को काव्यात्मक ढाँचे में अवतरित करता है।

किन्तु महाकाव्य के बुनियादी 'पैटर्न' और रूप-गठन का आधार अब भी बहुत हद तक वही 'मिथक-दृष्टि' है, जिसके सहारे आदिमनुष्य यथार्थ का बोध प्राप्त करता था, बाहरी दुनिया से अपना रिश्ता जोड़ता था। एक-दूसरे से जुड़े तथ्य और घटनाएँ महाकाव्य के लेखक—आदिकवि—को उतना प्रभावित नहीं करतीं, जितना सामूहिक अवचेतना से जुड़े रूपक (metaphor) उसकी अन्तर्चेतना को अनुप्राणित और आलोकित करते हैं। रूपक से तथ्य और मिथक से तर्क की तरफ़ बढ़ती हुई मनुष्य की मानसिकता एक तरह से उस ऐतिहासिक विकास (यदि हम उसे 'विकास' कह सकें) को ही रेखांकित करती है, जब मनुष्य की सामूहिक अवचेतना धीरे-धीरे व्यक्ति की आत्मचेतना में परिणत होने लगी थी।

महाकाव्य के मिथकीय नायक का अपनी नियति से सम्बन्ध उतना ही समग्र और सहज है, जितना आदिमनुष्य का सम्बन्ध अन्य व्यक्ति से था; वह सामंजस्य और स्वीकृति का रिश्ता है—विरोध और प्रतिरोध का नहीं। इस रिश्ते में एक तरह की अनिवार्यता है, जो उसे निर्मम और कठोर तो बनाती है, लेकिन त्रासद कभी नहीं।

इलियड में आर्खलीस और महाभारत में कर्ण की नियति जीवनधारा का आत्मसमर्पित (आत्मसंकल्पित नहीं) अंग है, जो उसे देवताओं द्वारा रचित वृहत्तर 'नाटक' से जोड़ देती है। मृत्यु का क्षण त्रासद नहीं होता, क्योंकि वह सम्पूर्ण उपलब्धि का क्षण भी है। किन्तु यह बात हैमलेट पर लागू नहीं होती। वह अपने पिता की हत्या के तथ्य के सामने बिलकुल अकेला है—और यह तथ्य किसी क्रम, किसी पैटर्न, देवताओं के किसी नाटक में फिट नहीं होता—तभी वह हत्या एक घुन की तरह हैमलेट की आत्मा को खाए जाती है। आर्खलीस के जीवन में उसकी मृत्यु एक अनिवार्य परिणति है, जबकि हैमलेट ज़िन्दगी के साथ झगड़ता हुआ ख़त्म हो जाता है—बीच बहस में। होमर से शेक्सपियर तक आते-आते मनुष्य की चेतना में आधारभूत परिवर्तन हो चला था—जहाँ पहले वह अपनी प्रकृति—नियति—से सम्पूर्ण रूप से जुड़ा था, वहाँ कालान्तर में उसकी आत्मा और नियति के बीच एक काली दरार खिंचती गई—और यह दरार इतनी गहरी थी कि वह स्वयं अपनी प्रकृति से निर्वासित होता गया। कला में यह परिवर्तन सीधा सृजन-प्रक्रिया में हुआ; पहले कला जहाँ एक अचेतन रचना थी, अब वह रचनात्मक चेतना की अभिव्यक्ति बन गई; किर्केगार्द जिसे 'सम्पूर्ण सम्भावना' कहते थे, अब वह टूटकर सन्दिग्ध विकल्पों में बँट गई, जिसमें से कोई भी विकल्प मनुष्य चुन सकता था, किन्तु इस चयन का कोई विश्वसनीय—दैवी या नैतिक—अनुसमर्थन कहीं न था।

यह वह क्षण था, जब मनुष्य का पहली बार अपने 'मैं', 'ईगो' से साक्षात्कार हुआ, एक ऐसी आत्मभ्रमित चीज़ जो स्वयं अपने भीतर खंडित थी। पहले जहाँ मनुष्य अपने भीतर समूची वास्तविकता लेकर चलता था, अब वहाँ सिर्फ़ खोई हुई दुनिया की एक अपाहिज—पंगु—स्मृति शेष रह गई थी, वह दुनिया खो गई थी, लेकिन मनुष्य उसे भूल नहीं सका था। वास्तव में 'ईश्वर की मृत्यु' को लेकर नीत्शे के भयानक आर्तनाद के

पीछे यह कातर आकांक्षा छिपी थी कि उस 'शब्द' को दुबारा खोजा जा सके, जो मनुष्य और मिथक को जोड़ता था—एक ऐसे जीवन्त अनुभव का प्रतीक—जिसे मनुष्य के अहं-बोध ने इतनी बुरी तरह आहत कर दिया था। यह मनुष्य का पतन था। सच कहें, तो दूसरा पतन—क्योंकि पहला पतन वह था, जब वह प्रकृति से खंडित हुआ था। मिथक, जो एक समय में मनुष्य के सर्वांगीण, सम्पूर्ण व्यक्तित्व का पोषक था, अब आत्मपीड़ित स्मृतियों के जाले में बदल गया—मनुष्य के खंडित, ज्वरग्रस्त स्वप्नों में उलझा हुआ, जिसे सिर्फ़ फ्रायड की सूक्तियों और सिद्धान्तों में ही पकड़ा जा सकता था।

यह सही है कि केवल आत्मचेतना के भीतर मनुष्य अपनी अस्मिता की पहचान निर्मित कर सकता है, किन्तु यह भी उतना ही सही है कि जब तक वह इस घेरे के भीतर है, अस्मिता की यह पहचान हमेशा बहुत धुँधली और अस्पष्ट रहेगी—वह हमेशा सपनों और आकांक्षाओं में अपना 'रूप' खोजती रहेगी। अनुभव के मिथकीय ढाँचे में एक व्यक्ति की स्मृतियाँ हमेशा दूसरे व्यक्ति की स्मृतियों में अन्तर्ग्रंथित और गुम्फित होती हैं—वहाँ अस्मिता की पहचान मनुष्य की नियति और प्रकृति से अलग नहीं होती; किन्तु इस मिथकीय दृष्टि से एक बार अलग हो जाने पर मनुष्य सहसा अपने को एक अराजक, विश्रृंखलित दुनिया में पाता है, जहाँ वह अपनी अस्मिता को 'दूसरों के माध्यम' से नहीं बल्कि 'दूसरों के विरोध' में ही परिभाषित कर सकता है। सच पूछें, तो दूसरों का अस्तित्व एक व्यक्ति के लिए ख़तरा भी है, और अपने होने की गारंटी भी। हेगेल ने अस्मिता की परिभाषा देते हुए कहा था कि वह हमेशा

दूसरों के विरुद्ध होती है—दूसरों को पराधीन बनाने पर ही अपने अहं की अस्मिता सुरक्षित रखी जा सकती है। किन्तु यहाँ मनुष्य—ऐतिहासिक मनुष्य—अपने को एक पीड़ायुक्त दुश्चक्र में फाँस लेता है; यदि वह दूसरे को सम्पूर्ण रूप से पराधीन कर लेता है, तो स्वयं उसकी अस्मिता सन्दिग्ध बन जाती है। "वह दूसरे को नष्ट करके सम्पूर्ण बनना चाहता है किन्तु बिना दूसरे के स्वयं उसका अस्तित्व ही शून्य बन जाता है।" सार्त्र ने एक बार नरक की परिभाषा देते हुए कहा था कि 'नरक—दूसरे लोग हैं' किन्तु यह 'नरक' सहनीय है; जब तक यह नरक होगा, मनुष्य अपने को पहचानने के लिए सतत संघर्ष करता रहेगा। किन्तु इसके नष्ट होने पर मनुष्य को केवल अपनी शरण में आना होगा, जो कोई और नहीं—उसके 'मैं' का ही धुँधला प्रतिरूप है; शाश्वत शून्य में शाश्वत मुक्त—और तब इस मुक्ति का क्या मूल्य रह जाएगा, इसका प्रमाण हमें आज पश्चिमी सभ्यता के घोर संकट में दिखाई देता है, जहाँ मनुष्य स्वतंत्र है, किन्तु उसे यह नहीं मालूम, वह इस स्वतंत्रता का क्या करे?

हमने जिसे मनुष्य का 'पीड़ायुक्त अन्तर्द्वंद्व' माना है, वह हमेशा से ही मानवीय स्थिति के भीतर अन्तर्निहित नहीं था, किन्तु वह इतिहास के उस दौर में प्रकट हुआ, जब मनुष्य पहली बार 'समय' के प्रति सचेत हुआ, ऐसा समय जो उसके ऊपर और बाहर था। समय अब मनुष्य की जीवनधारा से कटकर एक बाहरी प्रभुसत्ता में बदल गया, जो मनुष्य और दुनिया को अनुशासित करता था—परिवर्तन का मुख्य यंत्र और एजेंट। अब समय इतिहास का निर्माण करने लगा, और परिणामस्वरूप वह मनुष्य की नियति का आक्रामक जज—क्या ठीक है, क्या ग़लत,

क्या नैतिक है, क्या अनैतिक (हमारे समय में क्या प्रगतिशील है, क्या प्रतिक्रियावादी) का फ़ैसला करता हुआ एक तानाशाही मूल्य-निर्माता बनता गया।

समय की यह अवधारणा 'परिवर्तन' की उस लय से बिलकुल भिन्न थी, जो हम आदिमनुष्य के मिथकीय बोध में पाते हैं। समय का मिथकीय बोध इतिहास के आक्रामक भविष्यवाद से बहुत अलग है, जहाँ भविष्य ही हमारे वर्तमान का जज बन जाता है।[1] मिथक के कालबोध में परिवर्तन का मूल्य 'आगे बढ़ने की होड़' में नहीं है—सच पूछें, तो वह कोई मूल्य ही नहीं है; वह एक प्राकृतिक प्रक्रिया है, मृत्यु और पुनर्जीवन का एक चक्राकार, अनवरत सिलसिला, जिसमें अतीत और भविष्य, दोनों ही चिरन्तन वर्तमान में गुम्फित हो जाते हैं। यह नहीं कि समय की विभाजित श्रेणियाँ नहीं हैं किन्तु उसकी गति आरम्भ से अन्त तक न जाकर दोनों को एक सतत और समान दर्शन में समाहित कर लेती है—एक ऐसी गति, जिसे हम विराम भी कह सकते हैं, जहाँ गति और गतिहीनता में कोई भेद नहीं रह जाता। समय का मिथकीय बोध 'इतिहास' को नकारता नहीं—इतिहास का आरम्भ ही मानवजाति के आरम्भ से जुड़ा है किन्तु यह ऐसा इतिहास नहीं, जो मनुष्य से ऊपर और परे है, जो अन्त में मनुष्य को ही नकारने लगता है; लेवी-स्ट्रॉस के शब्दों में कहें तो :

> जहाँ प्रागैतिहासिक समाज इतिहास के तत्त्व से घिरे होने पर भी उससे उदासीन और अछूता रहने का प्रयत्न करता था, वहाँ आधुनिक समाज इतिहास को अपने भीतर समाहित कर लेता है और उसे (इतिहास को) अपने विकास का प्रेरणास्रोत मान लेता है।

---

1. मैंने इस विषय का विस्तृत विश्लेषण अपने निबन्ध 'अतीत : एक आत्ममन्थन' में किया है, जो 'शब्द और स्मृति' में संकलित है।

हमने ऊपर जिसे 'चिरन्तन वर्तमान' कहा है, वह कोई कल्पना-विलास की चीज़ नहीं है, न ही उसका बोध सिर्फ़ आदिमनुष्य तक सीमित था। वर्तमान की यह चेतना मनुष्य के भीतर हमेशा मौज़ूद रही है (प्रकृति के बोध की तरह), किन्तु 'ऐतिहासिक समय' हमेशा इस बोध, इस चेतना को दबाने और कुचलने की चेष्टा करता रहा, ताकि समूची मानवजाति 'प्रगति' के भविष्यवादी अन्धविश्वास को स्वीकार कर सके। किन्तु वह इसे कभी सम्पूर्ण रूप से कुचलने में सफल नहीं हो सका। शाश्वत वर्तमान का बोध मनुष्य की अन्तर्चेतना में एक खोये हुए स्वप्न और स्मृति की तरह जीवित रहा है, जहाँ समय के कृत्रिम भेद मृत्यु और पुनर्जन्म के रहस्य और चमत्कार में घुल जाते हैं। फ्रायड ने एक जगह बहुत ही उल्लेखनीय सत्य की ओर संकेत किया है—वह कुछ ऐसे 'प्रभावों' (impressions) के बारे में कहते हैं :

> जो अवचेतना की तहों में दबा दिये जाते हैं और कभी नष्ट नहीं होते; दशक-दर-दशक तक वे जीवित रहते हैं, मानो वे अभी-अभी घटित हुए हों!

'मानो वे अभी-अभी घटित हुए हों'—क्या इस वाक्य में प्रूस्त की स्मृति-यात्रा नहीं दिखाई देती, जहाँ घटनाओं का प्रवाह एक निरन्तर वर्तमान में जम जाता है, फ्रीज़ हो जाता है, जिसका न कोई आरम्भ है, न अन्त? समय की यह अवधारणा न केवल व्यक्ति के क्षणभंगुर जीवन का, बल्कि उस जीवन के खंडित क्षणों का अतिक्रमण करके एक ऐसी चेतना बन जाती है, जिसे हम 'प्रकृति की काल-चेतना' कह सकते हैं। संयोग से हिन्दू मिथक-चेतना बहुत हद तक प्रकृति की इस काल-चेतना से प्रस्फुटित हुई थी—किन्तु यह सिर्फ़ हिन्दू-चेतना की ही विशिष्ट उपज नहीं है। वास्तव में इसे 'उपज' कहना ही ग़लत होगा, क्योंकि जादू, अनुष्ठान, मंत्र की तरह समय की यह चेतना उस मिथकीय

ढाँचे का अभिन्न अंग है, जिसके सहारे आदिमनुष्य यथार्थ के मर्म को ग्रहण करता था।

समय—जो मरता है, पुनर्जीवित होता है, फिर मरता है—काल की यह सतत प्रवहमान चेतना दुर्भाग्यवश उस क्षण नष्ट हो जाती है, नष्ट नहीं तो अवचेतन में दब जाती है, गौण पड़ जाती है, ज्योंही मनुष्य इतिहास में 'प्रवेश' करता है। अब वह मनुष्य की नैसर्गिक गति से कटकर अपने में एक 'स्वायत्त नियामक शक्ति' बन जाती है, 'विकास की चालक शक्ति', यथार्थ का अंग नहीं, बल्कि ऐसा यथार्थ, जो स्वयं मनुष्य से अलग और ऊपर एक स्वतंत्र सत्ता में बदल जाता है। मनुष्य समय का वाहक नहीं, उसका ग़ुलाम बन जाता है। अब मनुष्य अपने को सीधी आँखों से नहीं, इतिहास की आँख से देखने लगता है—एक जज की आँख—जो मनुष्य की स्थिति पर नहीं, भविष्य के शून्य पर अटकी है। मनुष्य और शून्य के बीच अब ईश्वर नहीं, इतिहास का तराज़ू है—अन्तर सिर्फ़ इतना है कि अब इतिहास के देवता की आँखों पर नहीं, मनुष्य की आँखों पर पट्टी बँधी है।

यहीं से सैद्धान्तिक मतवाद—आइडियोलॉजी—का जन्म होता है, जैसा आज हम इस शब्द को समझते हैं। आइडियोलॉजी सभ्य समाज की चेतना में 'मिथक' का स्थान लेती है, ताकि उसके सहारे इतिहास की असीम बुभुक्षा को शान्त किया जा सके, उसका किसी हद तक मानवीकरण किया जा सके। मार्क्स और हेगेल, दोनों ही इस सत्य को समझते थे, हेगेल चाहते थे कि मनुष्य अपने को इतिहास के साथ एकीकृत कर सके, जबकि मार्क्स इतिहास को ही बदलना चाहते थे—उनमें कुछ

भी भेद रहा हो, एक बात समान थी, और वह यह कि दोनों ही इस तथ्य को मानकर चलते थे कि मनुष्य और इतिहास (समय) के बीच सम्बन्ध टूट गया है—और यह मनुष्य की निर्वासित अवस्था का मूल कारण है। दोनों विद्वान यह नहीं देख सके कि यदि मनुष्य का निर्वासन इतिहास में उत्पन्न हुआ है, तो इतिहास की शर्तों पर उसका निवारण नहीं हो सकता। यही कारण है कि आज जिसे हम 'आइडियोलॉजी का संकट' कहते हैं, वह उन बौद्धिक, तर्कवादी प्रतीकों द्वारा—जिसका सबसे केन्द्रीय प्रतीक विज्ञान है—नहीं सुलझ सकता, क्योंकि आज ये प्रतीक अपने में अर्थशून्य और खोखले हो चुके हैं। जब तक हम 'ऐतिहासिक समय' के बन्दी रहेंगे, किसी भी आइडियोलॉजी में मुक्ति खोजना व्यर्थ होगा, क्योंकि स्वयं आइडियोलॉजी उस 'छद्‌म चेतना' से उत्पन्न हुई है, जब मनुष्य ने अपनी विवेक-मेधा, अपनी स्वतंत्र चेतना को इतिहास के लौह-नियमों के प्रति समर्पित कर दिया था। कितना बड़ा व्यंग्य है कि वे वामपंथी विचारक जो मनुष्य की 'छद्‌म चेतना' की इतनी चर्चा करते हैं, स्वयं अपनी आइडियोलॉजी को श्रेय देना भूल जाते हैं, जिसने हमारे समय में मानवीय चेतना को सबसे अधिक अक्षम, मायावी और छद्‌म बनाने में योग दिया है।

आइडियोलॉजी के विरुद्ध कला ने ही एकमात्र चुनौती प्रस्तुत की है, एक अन्तिम, व्याकुल चुनौती, जिसके भीतर आधुनिक संकट में फँसे मनुष्य ने इतिहास की स्वेच्छाचारी विकृतियों के ख़िलाफ़ अपनी सम्पूर्ण अस्मिता को साबित और परिभाषित करने की चेष्टा की है। किन्तु इसी चुनौती ने कला को सबसे अधिक सन्दिग्ध, शंकालु और द्विविधात्मक बना दिया है; चेतना की उपज होते हुए भी यह कला अवचेतन की जड़ों में अपनी पवित्रता और सार्थकता ढूँढ़ती है, विज्ञान के उन सब 'युक्तिसंगत', तार्किक और बौद्धिक अन्धविश्वासों पर प्रश्नचिह्न लगाती है, जो आधुनिक सभ्यता की आधारशिला हैं। इतिहास की उपज होते हुए

भी कला इतिहास के समयबद्ध और प्रगतिबद्ध फ़ैसलों की अवहेलना कर सकती है, हमेशा से करती आई है। कला के प्रकाशमान दायरे में मनुष्य एक कुलबुलाता हुआ जीव नहीं रहता, अराजक अर्थहीन भूल-भुलैयों में भटकता हुआ, इतिहास के मनमाने ड्रामे की एक कठपुतलीमात्र; आज के युग में कला कमोबेश वही भूमिका अदा करती है (सार्थक कला) जो आदिकाल में मिथक-चेतना सम्पन्न करती थी—मानव-अस्तित्व के असंगत, अराजक और अर्थशून्य 'हादसों' को उसके 'कालातीत मर्म' के चौखटे में संयोजित करना—इसलिए नहीं कि मनुष्य पृथ्वी के केन्द्र में एक सार्वभौम प्राणी है, बल्कि इसलिए कि प्रकृति के अन्य प्राणियों की तरह मनुष्य भी अपना एक विनयशील, विवेकपूर्ण, अर्थसंगत कोना ढूँढ़ सकता है।

कला मिथक की भूमिका 'कमोबेश' अदा कर सकती है, किन्तु उसकी जगह नहीं ले सकती। यह इसलिए कि मिथक उस अर्थ में मनुष्य द्वारा सर्जित नहीं होता, जिस अर्थ में मनुष्य कला का सृजन करता है। ध्यान से देखें, तो मिथक मनुष्य की 'सर्जना' उतनी नहीं, जितना वह मनुष्य की अज्ञात, अनाम, सामूहिक चेतना का अंग है जिसके द्वारा अर्थ ग्रहण किया जाता है, जो स्वयं अपने भीतर 'एक विशिष्ट आलोक का स्रोत' धारण किये रहता है। मिथक-चेतना इस अर्थ में कलात्मक अनुभव से बहुत भिन्न है कि वह जीव-जगत् का समूचा यथार्थ, उस यथार्थ का अनुभव बिम्बों द्वारा अभिव्यक्त नहीं करती किन्तु कैसिरर के शब्दों में :

> मनुष्य का आदि-अनुभव ही मिथक के बिम्ब-चित्रों में अन्तर्निहित रहता है और चारों ओर उसके वातावरण से अनुप्राणित होता रहता है।

इसके विपरीत कला चेतना की उपज है, स्वयं अपने प्रति सजग है, एक आत्मचेत अनुभव में ही कलाकृति का जन्म होता है, चाहे वह चेतना

युक्तिसंगत, तर्कसंगत न हो (अक्सर नहीं होती), किन्तु वह स्वयंस्फुरित, अज्ञात क्रिया न होकर अनुभव का एक निश्चित, चिन्तायुक्त कर्म है। हम यह भी कह सकते हैं कि कला में जो सचेत रूप से उपलब्ध किया जाता है, वह पहले से ही, नैसर्गिक रूप में, मिथक के वातावरण में मौजूद रहता है। दूसरे शब्दों में, कला अपने सृजन के उदात्ततम क्षणों में मिथक होने का स्वप्न देखती है : "एक ऐसा स्वप्न, जिसमें व्यक्ति और समूह का भेद मिट जाता है।"

किन्तु क्या आज मनुष्य इस 'स्वप्न' को प्रागैतिहासिक युग की मिथक-चेतना में चरितार्थ कर सकता है? क्या हम दुबारा आदिमनुष्य की 'प्रिमिटिव' चेतना के अवचेतन-लोक में लौट सकते हैं, जहाँ कला और मिथक के बीच कोई दीवार नहीं थी? आज हम चेतना, आत्मचेतना के जिस विकास-बिन्दु पर पहुँच गए हैं, वहाँ से इस तरह की 'वापसी' न केवल असम्भव होगी, बल्कि झूठी भी। यों पिछले दशकों में इस तरह की वापसी की अनेक राहें समय-समय पर सुझाई गई हैं, रूसो का 'नोवेल सैवज', रेम्बाँ का तेज़ नश्तर, जिसकी धार से 'भाव-इन्द्रियों का सिलसिलेवार संहार' करना (systematic derangement of senses) और अन्त में सुर्रियलिस्ट कवियों और चित्रकारों का अवचेतन में मुक्ति खोजना—ये केवल कुछ शॉर्टकट रास्ते हैं, जिनके द्वारा मनुष्य ने 'अहंग्रस्तता' की तानाशाही से छुटकारा पाना चाहा है। इन रास्तों पर कुछ दूर अवश्य चला जा सकता है, उन अँधेरी खाइयों को आलोकित किया जा सकता है, जो मनुष्य की आत्मा में दबी पड़ी हैं, किन्तु आत्मबोध का फल एक बार चखकर मनुष्य अपनी निष्कपट कुँवारी अवस्था में दुबारा पहुँच पाएगा, इसमें गहरा सन्देह है। क्या कलाकार अपनी आत्मचेतना का अतिक्रमण कर सकता है?—यह प्रश्न रिल्के जैसे कवि और नीत्शे जैसे विचारक को आजीवन पीड़ित करता रहा। नीत्शे को अन्तिम दिनों में यह शंका घुन की तरह खाती रही कि मनुष्य की आत्मचेतना इतनी

अधिक भयावह हो गई है कि हर विश्वास अब सत्य से ख़ाली हो गया है कि विश्वास करना ही अपने को धोखा देना है। जब तक हम चेतन और अचेतन, मनुष्य और प्रकृति, मार्कूस के शब्दों में कहें तो सभ्यता और काम (Eros and Civilization)—और अन्त में, किन्तु सबसे महत्त्वपूर्ण—देह और आत्मा के बीच कृत्रिम व्यवधान को नहीं तोड़ पाएँगे—तब तक मनुष्य की सब वापसियाँ रेगिस्तान में मरीचिका से अधिक महत्त्व नहीं रख पाएँगी, इससे हम कला में मिथक-चेतना को उपलब्ध नहीं कर पाएँगे, जो मनुष्य के समूचे व्यक्तित्व को गौरवान्वित करती है; वापसी का शॉर्टकट मिथक-चेतना की ओर नहीं, धर्म के नक़ली अवतारों की ओर ले जाता है, जिसके सजीव उदाहरण हमें बालयोगी, महर्षि महेश और भगवान रजनीश में दिखाई देंगे।

इस बिन्दु पर हम शायद इस प्रश्न को नहीं टाल सकते कि जीवन और कला में 'मिथक-चेतना' को क्या हम वर्तमान सामाजिक व्यवस्था में उपलब्ध कर सकते हैं—एक ऐसी व्यवस्था में, जो मनुष्य की समूची सृजनात्मक शक्तियों का इतनी निर्ममता से हनन करती है—उसके रूपक-बोध को ही नष्ट कर देती है? दूसरे शब्दों में, क्या कला में मिथक-चेतना को ऐसी सभ्यता से पुनर्जीवित किया जा सकता है, जहाँ स्वयं कला एक खंडित, निर्वासित चेतना का शिकार हो गई है—और उसे ही अभिव्यक्त करती है, जो अपूर्ण है, आत्मविभाजित है, ख़ुद अपने से अजनबी है? क्या हम आज एक ऐसी अन्धी गली में नहीं पहुँच गए हैं जहाँ कला का मिथक बनने का स्वप्न अपने में ही सन्दिग्ध है, क्योंकि जिस समाज-व्यवस्था में हम रहते हैं, वहाँ कला के सामूहिक प्रयोजन का ही कोई अर्थ नहीं रह गया है? अत: जिस तरह आदिकाल की 'प्रिमिटिव' चेतना की ओर मुड़कर हम यथार्थ के मौलिक, सार्वभौमिक सत्य से साक्षात्कार नहीं कर सकते, उसी तरह उस 'साक्षात्कार' को हम कला के आत्मकेन्द्रित आलोक-मंडल में भी

उपलब्ध नहीं कर सकते, जब तक हम उसे एक व्यापक सामाजिक प्रक्रिया से नहीं जोड़ते, जहाँ मनुष्य स्वयं इतिहास का अतिक्रमण करके अपने में मुक्त हो सकता हो? यदि यह प्रश्न ठीक है, तो क्या इसका उत्तर पाने के लिए हमें "एक बार फिर बोधवृक्ष का फल चखना पड़ेगा, ताकि हम पुनः अपनी निर्बोध अवस्था में पहुँच सकें?"[1]

1. क्लाइस्ट

परम्परा और इतिहास-बोध

[हजारीप्रसाद द्विवेदी की पुण्य-स्मृति में]

आज के आधुनिक मनुष्य को इतिहास और समय के नियमों-क़ानूनों का जितना ज्ञान है, उतना शायद पहले किसी युग में प्राप्त नहीं था। असली अर्थ में वह ऐतिहासिक 'मनुष्य' है। एक तरह से इतिहास-बोध ही आधुनिकता का पर्याय मान लिया जाता है। मध्यकालीन संस्कृति में धर्म का जो केन्द्रीय स्थान था, उसने धीरे-धीरे पीछे हटते हुए अपनी जगह इतिहास को समर्पित कर दी है। मनुष्य प्रकृति के परिवेश में नहीं, इतिहास के सन्दर्भ में जीता है—इस सन्दर्भ में हर घटना पिछली घटना से नई है, जो अब हो रहा है, वह पहले कभी नहीं हुआ। मनुष्य के क्रमिक विकास का यह बोध प्राचीन यूनानियों के लिए उतना ही अजनबी और पराया था जितना भारतीय मनीषियों के लिए—वे समय को विकास के रूप में नहीं, 'चक्र' के रूप में देखते थे, जहाँ हर घटना गुज़री हुई घटना की याद दिलाती है—स्मृति, जिसकी परतें जमती हुई परम्परा को जन्म देती हैं।

पहले 'परम्परा' मनुष्य के भीतर थी, जो उसकी जीवन-मर्यादा को अनुशासित करती थी, अब इतिहास मनुष्य के भविष्य को निर्धारित करता है और परम्परा खोजने के लिए उसे पीछे की ओर देखना पड़ता है।

किन्तु यदि यह बात सच है कि इतिहास का जो प्रभुत्व आज हमारे जीवन में है, वह पहले कभी नहीं था, वहाँ यह बात भी उतनी ही सत्य है कि मनुष्य आज जितना समय और इतिहास से त्रस्त है, उतना पहले किसी युग में नहीं था। उन्नीसवीं शती में सार्वभौमिक सत्ता से सम्पन्न जो मदमाता इतिहास-बोध मनुष्य की प्रगति और मुक्ति का सन्देश लाया था, वह हमारे समय तक आते-आते अपनी ही क्रूर पैरॉडी में प्रतिध्वनित-सा होता है। भविष्य को निर्धारित करने वाले नियम, क़ानून, फ़ॉर्मूले अब भी हैं किन्तु उन पर बीसवीं शताब्दी के रक्त और यातना और मोहभंग की इतनी गहरी काई जम चुकी है कि वे भविष्य के बन्द तालों में कहीं फिट नहीं हो पाते। कैसा है यह वैज्ञानिक, तर्कशील, गौरवपूर्ण इतिहास-बोध, जिसने आज मनुष्य को स्वयं अपने ही भविष्य के प्रति इतना अरक्षित, आतंकित और अनाश्वस्त बनाकर छोड़ दिया है?

यह नहीं कि हम मानव-भविष्य के बारे में जानते नहीं। आज के आधुनिक मनुष्य ने इतिहास-बोध से उत्प्रेरित होकर भविष्य के बारे में जो परिकल्पनाएँ और सम्भावनाएँ आविष्कृत की हैं, उनके आधार पर 'भविष्यशास्त्र' (futurology) की पूरी एक रसायनशाला निर्मित की जा सकती है। किन्तु इस भविष्य का वर्तमान की विभीषिका से कोई सम्बन्ध नहीं, बल्कि यूँ कहें, वर्तमान की विभीषिका से बचने के लिए ही इस 'ऐतिहासिक भविष्य' का निर्माण किया गया है—वह चाहे वर्गहीन समाज का स्वप्न हो या कम्प्यूटर-निर्धारित 'रोबो' का यंत्रलोक, इससे कोई अन्तर नहीं पड़ता। हम समय में नहीं, एक काल्पनिक समय में जीते हैं—और विचित्र बात यह है कि इसमें मनुष्य की मृत्यु को देशनिकाला दे दिया गया है क्योंकि स्वयं अपनी मृत्यु से भयभीत होकर

हमने भविष्य-लोक में शरण ली है। मृत्यु अगर है तो अतीत में—एक मृत अतीत में—जिसे हम म्यूज़ियम्ज़ और पुरातत्त्व संग्रहालयों में सुरक्षित रखते हैं। इतिहास-बोध, जो एक समय में मनुष्य के अतीत को उसकी नियति से जोड़ता था—जिसके परिप्रेक्ष्य में यहूदी मसीहाओं और ईसाई चर्च ने मानव की नैतिक मर्यादाएँ निर्धारित की थीं—जिसके मर्म को आँकने के लिए स्वयं मार्क्स ने अतीत की शृंखलाओं को जोड़ा था, वह एक ऐसी स्वायत्त सत्ता में बदल गया है—मनुष्य की नियति और नैतिकता से ऊपर—एक ईर्ष्यालु देवता (jealous God)—जिसकी असीम बुभुक्षा को तृप्त करने के लिए मनुष्य एक के बाद दूसरी क्रान्ति करता है, किन्तु हर क्रान्ति उसे मुक्त करने के बजाय अपने लौह-पाश में और भी अधिक जकड़ लेती है; जिस भविष्य-निर्माण के लिए वह क्रान्ति करता है, वह उसके वर्तमान को और भी अधिक कुत्सित और दयनीय बनाकर छोड़ देती है। हिटलर ने जर्मन राइख के 'हज़ार वर्ष के भविष्य' का स्वप्न देखा था, स्वयं सोवियत क्रान्ति ने एक 'नये मनुष्य' का निर्माण करने का गर्वपूर्ण दावा किया था। आज दोनों का हश्र हमारे सामने है। मनुष्य ने जिस दिन 'ऐतिहासिक अनिवार्यता' को मनुष्य की नियति के साथ जोड़ दिया था, उसी दिन मार्क्स का यह विश्वास झूठा पड़ गया कि मनुष्य अपना इतिहास स्वयं बनाता है, उलटे इतिहास को यह अमानुषिक स्वायत्त (frankenstein) शक्ति प्राप्त हो गई कि वह ख़ुद मनुष्य की नियति को अनुशासित कर सके।

यह आधुनिक युग की विचित्र विडम्बना मानी जाएगी कि एक तरफ़ आज का मनुष्य 'इतिहास-बोध' से आक्रान्त है, दूसरी तरफ़ मृत अतीत और काल्पनिक भविष्य के बीच स्वयं इतिहास की जीवन्त धारा सूख गई है। जिस तरह नदी में डूबता आदमी पानी से रिश्ता नहीं जोड़ पाता, उसी तरह इतिहास में डूबा मनुष्य समय का मर्म नहीं जान सकता। वह इतिहास से संत्रस्त हो सकता है, किन्तु उसे अपने जीवन और मृत्यु

का साक्षी नहीं बना सकता; वह इतिहास जो इस धरती पर मनुष्य का साक्षी न बन सके, उसका क्या अर्थ रह जाता है? यही कारण है कि आज इतिहास-बोध आधुनिक मनुष्य का ठूँठा अन्धविश्वास बनकर रह गया है जिसके पास वह भविष्य का अर्थ टटोलने नहीं, वर्तमान से छुटकारा पाने जाता है।

किन्तु क्या हम वर्तमान से छुटकारा पा सकते हैं? समय की धारा में क्या वर्तमान ही ऐसा स्थिर बिन्दु नहीं है जहाँ मनुष्य अपनी नश्वरता के बावजूद या उसके कारण ही इतिहास में अपनी सम्पूर्ण नियति से साक्षात् करता है? यद्यपि यह नियति उसके व्यक्तिगत अतीत से सम्बन्ध रखती है, किन्तु उसके साथ वह मनुष्य के समग्र भविष्य को भी आलोकित करती है जिसमें दूसरे लोगों की नियति भी जुड़ी है। भविष्य किसी काल्पनिक 'यूटोपिया' में स्थिर नहीं है, वह वास्तव में मनुष्य के उन अवशेषों में रहता है, जिसे हर व्यक्ति अपनी मृत्यु के बाद छोड़ जाता है—उसकी स्मृति और स्वप्न। हम जिसे मानवता का भविष्य कहते हैं, वह इतिहास में जीनेवाले व्यक्ति का अतीत है, जो उसकी मृत्यु के बाद भी बचा रहता है—जिससे परम्परा बनती है। हम इस अद्‌भुत निष्कर्ष पर पहुँचते हैं कि भविष्य का बोध हमें कहीं आनेवाले समय में नहीं, पीछे गुज़र जानेवाले अतीत में उपलब्ध होता है। हजारीप्रसाद जी ने इतिहास का बोध प्रकृति की नैसर्गिक लय से प्राप्त किया था—पश्चिम के इतिहास-आतंक से नहीं, इसीलिए वह व्यक्ति की मृत्यु को झरा हुआ पत्ता मानते थे जो ख़ुद मिट्टी में मिल नये वृक्ष में अंकुरित होता है। क्या पत्ते का भविष्य वृक्ष नहीं है जो स्वयं पत्ते की मरी हुई स्मृति से विकसित हुआ है?

स्मृति की यह विशेषता है कि वह अपने पीछे कोई पद-चिह्न नहीं छोड़ जाती—वह स्वयं पद-चिह्न बन जाती है। परम्परा का मतलब इन पद-चिह्नों पर चलकर उस वर्तमान को परिभाषित करना है, जहाँ मनुष्य आज जीवित है। हम चलते पीछे की तरफ़ हैं, किन्तु पहुँचते

वहाँ हैं जहाँ हम आज इस क्षण में हैं। परम्परा इस अर्थ में विगत की खोज नहीं, विगत के भविष्य का अन्वेषण है। हम पीछे की ओर चलते हुए आगे की तरफ़ बढ़ते हैं, और तब हमें पता चलता है कि 'आगे' और 'पीछे' का ऐतिहासिक-बोध स्वयं अपने में छलना है—समय की दृष्टि से जो आगे हो, ज़रूरी नहीं, वह विगत की कसौटी बन सके; उलटे जो बीत चुका है, वह एक नैतिक मर्यादा के रूप में एक स्वप्न की तरह मनुष्य के आगे-आगे चलता है। दो हज़ार वर्ष पूर्व सूली पर चढ़े हुए ईसा या उससे भी पहले बोधिवृक्ष के नीचे बैठे सिद्धार्थ ने जो 'सत्य' उपलब्ध किया था, वह क्षण मनुष्य के भीतर आज भी मौजूद है—या यूँ कहें, वह सत्य जो ऐतिहासिक समय की गणना में दो हज़ार वर्ष पुराना है, उसे मानव-सत्य बनने में शायद अगले दो हज़ार वर्ष भी कम पड़ेंगे। ऐतिहासिक समय उत्तरोत्तर आगे बढ़ता हुआ ख़ुद मनुष्य के अपने अर्जित किये हुए सत्यों के सामने छोटा पड़ता जाता है—स्वयं अपनी 'प्रगति' को नापने के लिए उसे पीछे मुड़कर देखना पड़ता है।

मनुष्य अपना इतिहास ख़ुद बनाता है, किन्तु वह 'कच्चा माल' जिससे इतिहास बनता है, वह अनुभव-राशि जिसकी मिट्टी से वह अपना भविष्य गढ़ता है, कहीं और नहीं, उसके अतीत-बोध में सन्निहित है। फ्रांसीसी रेडिकल चिन्तक सिमोन वेल के शब्दों में :

> भविष्य हमें कुछ नहीं देता, ख़ुद हमें उसका निर्माण करने के लिए अपना सर्वस्व, अपना जीवन तक देना पड़ता है। किन्तु हम कुछ दे सकें, इसके लिए ज़रूरी है कि हमारे पास कुछ हो और हमारे पास कोई दूसरा जीवन, कोई सृजन-रस नहीं है सिवा अतीत के उन ख़ज़ानों के जिन्हें हमने अपने भीतर आत्मसात् करके नये रूप में सर्जित किया है। 'मनुष्य की आत्मा की ज़रूरतों में अतीत की ज़रूरत सबसे अधिक शक्तिशाली है।'

किन्तु परम्परा और मनुष्य के भविष्य के बारे में क्या आचार्य हजारीप्रसाद जी की आत्मा इन शब्दों में नहीं झलकती?

किन्तु अतीत का बोध अतीत के प्रति सम्मोहन या नॉस्टाल्जिया से बहुत भिन्न है। विगत के प्रति सम्मोहन उसी समय उत्पन्न होता है, जब हम परम्परा से विलगित हो जाते हैं। नॉस्टाल्जिया हमेशा उन चीज़ों से होता है जो हमसे टूटकर दूर छिटक गई हों; स्मृति में हम उसे खोजते हैं, जो हमारे भीतर पहले से ही मौजूद है। परम्परा का रिश्ता स्मृति से है, नॉस्टाल्जिया से नहीं। वास्तव में भविष्य के प्रति दास-भाव और अतीत के प्रति सम्मोहन ऊपर से अलग दीखने पर भी एक सिक्के के दो पहलू हैं। भविष्य के प्रति समर्पण इसलिए प्रगतिशील नहीं हो जाता कि उसके पास इतिहास की कसौटी है, अतीत के प्रति लगाव इसलिए गौरवपूर्ण नहीं हो जाता कि उसे परम्परा का कवच प्राप्त है। दोनों के मूल में एक ही अभिशाप है—मनुष्य का स्वयं अपनी आत्मा और समय से निर्वासन। इस आत्मनिर्वासन का यह परिणाम है कि हम कभी भविष्य में अपनी मुक्ति खोजते हैं, कभी अतीत में अपनी खोई हुई महिमा और गौरव को पाने का स्वप्न देखते हैं।

मनुष्य का आत्मनिर्वासन विशेष रूप से आधुनिक बोध की देन है। यूरोप में आधुनिकता का आन्दोलन एक ऐसे खंडित काल-बोध से उत्पन्न हुआ था जिसमें मनुष्य का इतिहास-बोध और परम्परा दो स्वतंत्र इकाइयों में विभाजित हो गई थीं। यह नहीं कि आधुनिक यूरोपीय मनुष्य अपनी परम्परा के प्रति सचेत नहीं था—किन्तु अब वह बाहर की चीज़ थी, जिसे वह स्वीकार कर सकता था या ठुकरा सकता था। इतिहास-बोध के बीच यह अनोखा अन्तर्विरोध है कि मनुष्य की स्वतंत्रता ही उसे अतीत-बोध से विच्छिन्न कर देती है; परम्परा अब जीने की मर्यादा नहीं, एक खोया हुआ समय है, कहीं अतीत में जमा हुआ ख़ज़ाना, जिसे मनुष्य अपनी ऐतिहासिक चेतना से उपलब्ध करता है।

दूसरे शब्दों में कहें तो 'ऐतिहासिक समय' मनुष्य के समूचे समय को हथियाने की, कॉलोनाइज़ करने की चेष्टा करता है, उसे अपनी अहं-केन्द्रित इमेज में ढालना चाहता है। जिस तरह पिकासो विभिन्न जातीय परम्पराओं का रस खींचकर अपने कलात्मक 'विज़न' को पोषित करते हैं, कुछ-कुछ उसी तरह पश्चिम का ऐतिहासिक समय अपने को केन्द्र मानकर न केवल यूरोप के अतीत को बल्कि ग़ैर-यूरोपीय एशियाई और अफ्रीकी संस्कृतियों की परम्परा को अपने 'औपनिवेशिक प्रभामंडल' में खींच लेता है। पश्चिम का ऐतिहासिक समय धीरे-धीरे समूची मानवजाति के समय-बोध को हस्तगत (appropriate) करने लगता है।

यदि आज भारतीय मनीषा इतिहास और अतीत के दो मृत खंडों में विभाजित दिखाई देती है तो हमें इसका कारण सीधा पश्चिम के उस अहं-केन्द्रित इतिहास-बोध में दिखाई देगा जिसने पिछले दो सौ वर्षों में भारतीय मनुष्य को उसके अतीत और परम्परा से उन्मूलित किया है; कितना बड़ा व्यंग्य है कि जिन यूरोपीय इतिहासकारों और पुरातत्त्व के पंडितों ने अपने अनुवादों, खोजों और खुदाइयों से भारतवासी को अपनी विशिष्ट परम्परा से परिचित कराया, उसी सभ्यता ने उस सामाजिक संरचना के तन्तु-जाल को भी नष्ट किया, जिसमें मनुष्य अपनी परम्परा में साँस लेता था, अपने पावन अतीत को अपने वर्तमान में जीता था। किसी जाति के मिथक और विश्वास उनकी जीवन-प्रणाली—उसके आत्मीय संसार से जुड़कर ही जीवन्त हो पाते हैं, एक की अभिव्यक्ति दूसरे के द्वारा होती है। मनुष्य जीने की प्रक्रिया में अपने विश्वासों को उद्घाटित करता है, उन विश्वासों के द्वारा जीने की प्रणाली मर्यादित करता है, ऐसी संस्कृति में इतिहास का समय एक अक्षुण्ण धागे से परम्परा के कालातीत बोध से जुड़ा होता है। मनुष्य एक साथ दो काल-प्रदेशों में जीता है और ये दोनों एक-दूसरे से अलग नहीं हैं; एक-दूसरे के समानान्तर भी नहीं हैं—दोनों एक-दूसरे से उलझे हैं—इस उलझाव में ही एक जाति की

आत्मा अपना आकार ग्रहण करती है। पश्चिम के इतिहास-बोध ने इस 'आत्मा' के तन्तु-जाल को छिन्न-भिन्न कर दिया, उसे दो फाँकों में खंडित कर दिया। मनुष्य का मिथक-संसार और उसकी जीवन-प्रणाली दो मृत कठघरों में विभाजित हो गए। दोनों के बीच घाव की खरोंच अब भी मौजूद है। नायपॉल ने भारतीय संस्कृति को 'घायल संस्कृति' माना है; काश, वह इस घाव के पीछे इतिहास के उस अस्त्र को भी देख पाते जिसका लोहा अब भी उसकी लहूलुहान आत्मा के भीतर गड़ा है।

सम्भव है, हर जाति को देर-सवेर ऐतिहासिक-बोध प्राप्त करने का मूल्य चुकाना पड़ता है। हम अपनी परम्परा के प्रति उसी समय सचेत होते हैं जब उसे खो देते हैं। स्वयं को जानना ही आदिपाप बन जाता है, जो हमें परम्परा और अतीत-बोध के 'गार्डन ऑफ़ ईडन' से निष्कासित कर देता है। किन्तु यह 'आत्मचेतना' क्या ख़ुद अपने में छलना नहीं है? हम अपने को जानकर अपने अतीत से विच्छिन्न होते हैं और फिर यह विच्छिन्नता ख़ुद अपने को जानने में बाधा बन जाती है। वास्तव में हम सभ्यता के आत्मबोध में नहीं, उसके अहं-केन्द्रित अलगाव में जीते हैं। इस अहं-केन्द्रित ऐतिहासिक-बोध का इससे बढ़कर प्रमाण क्या हो सकता है कि जिन रेडइंडियंस की सभ्यता को सफ़ेद जातियों ने इतनी निर्ममता से उन्मूलित किया, उन्हीं के तीर-कमान, वेश-भूषा, देवी-देवताओं की मूर्तियाँ आज अमेरिका के संग्रहालयों में बड़े गर्व से प्रदर्शित की जाती हैं। यह है मानवीय परम्परा के प्रति आधुनिक इतिहास-बोध का बर्ताव। इसी आक्रामक इतिहास-बोध का प्रमाण—बिलकुल विपरीत रूप में—हमें एक दूसरी समाज-व्यवस्था में मिलता है, जहाँ वर्तमान में जीनेवाले लेखकों की आत्मा पर ताला लगाकर टॉल्स्टॉय और पुश्किन की गौरवपूर्ण परम्परा के दरवाज़े खोले गए हैं। हम यह भूल जाते हैं कि जिस प्रकार आज का लेखक परम्परा से प्रेरणा पाकर नया सत्य खोजता है, उसी तरह परम्परा भी आज के लेखक के भीतर

ही अपना सत्य उद्घाटित करती है। जब हम 'इतिहास-बोध' के नाम पर 'सोल्ज़ेनित्सिन' जैसे लेखक को देशनिकाला देते हैं तो यह ध्यान नहीं आता कि उसके साथ-साथ हम टॉल्स्टॉय और दोस्तोएव्स्की की परम्परा को भी देशनिकाला दे रहे हैं। पुराने लेखकों की पुस्तकों को लाखों की संख्या में छापकर साहित्य-परम्परा का संरक्षण नहीं होता। उसका सत्य आज के लेखक की मुक्त वाणी में संरक्षित होता है—ऐसा सत्य, जिसके लिए वह किसी से नहीं डरता, 'लोक से भी नहीं, वेद से भी नहीं, गुरु से भी नहीं।'

मनुष्य-नियति की यह पीड़ित विडम्बना है कि जब वह सम्पूर्ण रूप से आत्मनिर्वासित हो जाता है, तब सम्पूर्ण रूप से मुक्त भी हो जाता है। अतीत और भविष्य के बारे में उसके सब भ्रम और लगाव छूट जाते हैं। इतिहास मानो एक हाथ से उसका सर्वस्व छीनकर दूसरे हाथ से उसे निरीह, नंगी, अँधेरे में ठिठुरती हुई स्वतंत्रता दे देता है। यह ऐतिहासिक-बोध का अभिशाप है कि मनुष्य अपने को खो देता है, किन्तु उसका वरदान भी यही है कि वह सब कुछ खोने के बाद भी सब कुछ पा सकता है। वह पाना समय में होता है, किन्तु जो चीज़ पाई जाती है, वह ख़ुद समय की सीमाओं का अतिक्रमण कर लेती है। क्या कला का मूल सत्य भी यही नहीं है? वह अपने में ठहरी हुई स्मृति को उन्मेषित कर देती है, जिसे हम परम्परा कहते हैं, किन्तु वह अपने भीतर समय को स्थगित भी कर लेती है, जिसे हम इतिहास कहते हैं। इसलिए परम्परा और इतिहास, जिन्हें हम दो विरोधी तत्त्व मानते आए थे—एक शाश्वत, दूसरा नश्वर—कलाकार उन्हें अपनी स्वतंत्र चेतना के बिन्दु पर एकीकृत कर लेता है; 'कला शाश्वत वर्तमान में जीती है।' कला का यह मर्म मनुष्य जीवन का सत्य भी हो सकता है, ऐसा हजारीप्रसाद जी सोचते थे। इस सत्य को वह मनुष्य के भीतर एक अनामी देवता की तरह पाते थे। इस देवता की कोई बनी-बनाई मूर्ति नहीं थी।

मनुष्य उसे अपनी परम्परा से खोदकर बाहर निकालता है; बाहर जो चीज़ आती है, वह मूर्ति नहीं, मनुष्य की स्मृति है। वह अपने पंख समय में खोलती है—समय, जो अब और आज है और उसकी खुलती हुई सलवटों में देवता का जो बिम्ब निकलता है, उससे वह कभी सन्तुष्ट नहीं होता। वॉल्टर बेन्यामिन के शब्दों में कहें तो :

> कोई मूर्ति उसे सन्तुष्ट नहीं करती, क्योंकि देवता का सत्य स्मृति में नहीं, उसकी अनवरत खुलती सलवटों में छिपा रहता है।

मेरे विचार में हजारीप्रसाद जी की यह सबसे महत्त्वपूर्ण देन थी—एक आधुनिक भारतीय किस दुर्गम रास्ते से अपनी खंडित चेतना का अतिक्रमण कर सकता है, अपनी जातीय स्मृति की सलवटों से उस देवता की मूर्ति निकाल सकता है, जिस पर पिछले दो वर्षों से इतिहास की गर्द जमा होती गई है, जो मूर्ति भी है और आईना भी, जिसमें वह अपने से साक्षात्कार करता है। वह सही अर्थ में आधुनिक थे, क्योंकि वह अतीत की सब छलनाओं और इतिहास की मरीचिकाओं से मुक्त थे—वह सही अर्थ में हिन्दू भी थे—ऐसे ब्राह्मण—जिन्होंने हिन्दुत्व की बहुविध प्रेरणाओं से मनुष्य का सत्त्व निचोड़ा था। आधुनिकता और हिन्दुत्व—इन दोनों के मेल से वह प्रामाणिक अर्थ में भारतीय बने थे। उनकी दृष्टि में 'भारतीयता' वर्तमान के पासपोर्ट पर कोई बनी-बनाई विरासत नहीं थी, जिसे हम अतीत से पा लेते हैं—वह एक ऐसा मूल्य थी, जिसे हर पीढ़ी को अपने समय में अर्जित करना पड़ता है।

रचना की ज़रूरत

क्या कला हमारी सामाजिक ज़िन्दगी पर सचमुच कोई असर डालती है? इस सवाल में एक धोखादेह सरलता छिपी हुई है, उसी तरह जैसे सारे गहरे प्रश्नों के साथ हमेशा होता है। यही नहीं, इस सवाल में धूल और उम्र की हल्की-सी गन्ध भी है—एक ऐसी गन्ध जो बहुत सारे पुराने विवादों और लड़ाइयों, बेलिंसकी और गोगोल और उस समय की याद दिलाती है जब कला सचमुच एक सम्मान या दहशत पैदा करनेवाला कर्म था—एक हद तक पवित्र और अभिजात कर्म। आधुनिक समय में यह बात अविश्वसनीय लगती है कि कोई मरता हुआ लेखक अपने समकालीन लेखक-बन्धु से यह मिन्नत करे कि उपन्यास लिखना बन्द नहीं होना चाहिए। अपनी मृत्यु-शैया पर पड़े हुए तुर्गनेव ने टॉल्स्टॉय को लिखे अपने लम्बे पत्र में यही किया था। अपने समय में कला की चर्चा करते हुए हम जिस तरह कला दीर्घाओं, पुरस्कारों और बहु-बिक्रीवाली पुस्तकों की बात करते हैं वह लगभग अश्लील-सी लगती है,

एक संस्कारहीन कर्म की तरह। जैसा कि एक अमेरिकी आलोचक ने एक बार विनोद में कहा था :

> हमारे देश में साधारणत: जो लोग कला की चर्चा करते हैं, वे व्यवसायी होते हैं और अगर आप किसी को व्यवसाय की बात करते सुनें तो निश्चय जानिए, वे कलाकार ही होंगे।

शायद यही कारण है कि कला की सामाजिक प्रासंगिकता के सवाल ने इधर फिर तूल पकड़ लिया है, हालाँकि हम सोचते थे कि इस प्रश्न को अरसा पहले दफ़नाया और भुलाया जा चुका है। अगर कला भी दूसरे व्यवसाय की तरह एक पेशे की सतह तक उतर चुकी है तब तो इस सवाल का कोई महत्त्व नहीं है क्योंकि वैसी स्थिति में इसका औचित्य इसका कर्म ही निर्धारित करेगा। लेकिन फिर कला का ठीक-ठीक कर्म क्या है? मुमकिन है कि इसका हमारी आत्मा से कुछ सम्बन्ध हो, जैसा कि हमारे रूसी बुज़ुर्ग लेखकों ने कहा है, लेकिन यह धारणा क्या हमें कुछ असमंजस में नहीं डाल देती? क्या हमने आत्मा के मामले को घर-बदर कर अध्यात्मवादियों और पंडितों की झोली में नहीं डाल दिया है? लेकिन आत्मा के सवाल को इतनी आसानी से दरकिनार करना आसान नहीं है क्योंकि एक दफ़ा मन पर पड़ी कविता की कुछ पंक्तियाँ, संगीत का कोई टुकड़ा, लियोनार्दो का कोई चित्र या राजपूती कलम के दरख़्तों की मँडरानेवाली स्मृतियाँ हमारा पीछा कभी नहीं छोड़तीं। क्या आत्मा का कोई ऐसा हलक़ा भी है, जो धर्म और व्यवसाय से बचा हुआ हो—गहरे अनुभवों का एक ऐसा सूना हलक़ा जहाँ सिर्फ़ कला की ही पहुँच हो सके? और अगर ऐसा है तो इस अजीब भूखंड को अपने बाक़ी सारे वजूद से काटकर कैसे और क्योंकर तराशा जा सकता है? यदि वहाँ हम बार-बार जाएँगे तो इसको क्या नाम दें?

इस तरह कला को देखें तो यह कुछ अस्पष्ट और संवेदनशील दोनों है और ऐसे सारे उत्तर जो इसके कर्म या इसकी प्रासंगिकता को उजागर करते हों, स्थूल और असन्तोषप्रद लगने लगते हैं। लिहाज़ा हमारे पास सबसे ज़्यादा तर्कसंगत और साफ़ एक तथ्य के सिवाय कुछ भी नहीं बचता—एक ऐसा तथ्य जिससे हम अब तक मुँह चुराते रहे थे—कि वास्तव में कला की कोई सामाजिक प्रासंगिकता नहीं है क्योंकि इसका सच अपने-आपमें है, स्वायत्त और आत्मनिर्भर है जिसकी अहमियत उसके निज के अस्तित्व की शर्तों पर ही आँकी जा सकती है। ये शर्तें अपना औचित्य सीधे ज़िन्दगी से ही लेती हैं, इससे अलग किन्हीं सामाजिक या दूसरे सिद्धान्तों से नहीं—वह ज़िन्दगी जो सारी कलाओं में रूपायित होती है।

यह एक सीधी और दो-टूक बात है। शायद कुछ ज़्यादा ही सीधी और ज़्यादा ही दो-टूक, लेकिन इसी के चलते हमें वह ठोस ज़मीन मिलती है जिस पर हम अपने दिमाग़ को कला नामक इस अजीब चीज़ से उलझने के लिए बेख़बर छोड़ सकते हैं।

लेकिन पहले इस ज़मीन पर एक नज़र डाल लें। हम जानते हैं कि कविता के अपने भीतर जो ज़िन्दगी धड़कती है, वह बिलकुल अलग होती है—किसी भी शब्द-समूह या किसी भी प्रकार की शब्द-व्यवस्था से। कविता का अर्थ शब्दों के माध्यम से किसी भी भाव को पहुँचा देने के बाद भी ख़त्म नहीं होता। वह कविता समाप्त होने के बाद भी बराबर बचा रहता है। इस मानी में यह एक अख़बारी रपट या किसी तात्त्विक उक्ति से बिलकुल अलग होती है जिसकी उपयोगिता एक बार पढ़ने के बाद ही ख़त्म हो जाती है और चूँकि किसी भी रचना के सारे अर्थ हम पूरी तरह कभी समझ नहीं पाते इसलिए इसकी प्रासंगिकता हमारे लिए बराबर बनी रहती है। कोई भी कविता अपनी ज़िन्दगी या अर्थ ख़ुद भाषा से ही ग्रहण करती है। इसी प्रक्रिया के दौरान भाषा का कायाकल्प होता है और उसमें से कविता जन्म लेती है।

कला का सामना करते हुए हम एक दुनिया का सामना करते हैं—एक ऐसी दुनिया जो एक साथ ही यथार्थ और अयथार्थ, दोनों है, हालाँकि यह हमारी रोज़मर्रा की दुनिया से मिलती-जुलती हुई भी हूबहू बिलकुल वैसी नहीं होती। यह सपने की तरह होती है और सपने की दुनिया बावजूद इसके कि उसमें हमारी चेतन ज़िन्दगी के अंश होते हैं, जीती-जागती दुनिया से अलग होती है। यह स्वप्न और यथार्थ, जाने और अनजाने, दोनों के बीच कहीं झूलती हुई उस कला की अपेक्षा हमें ज़्यादा तंग करती है जो पूरी तरह शुद्ध है और जिसने अपने को बाक़ी दुनिया से काट रखा है।

किसी कहानी की एक सीधी-सादी घटना लें : "वह सितम्बर की एक शाम थी। मैं सड़क पार कर रहा था।"

इसमें कोई नई या अजीब बात नहीं है। हमने अपनी ज़िन्दगी में अनेक सितम्बर की शामें देखी हैं और सैकड़ों सड़कें पार की हैं, फिर भी इस वाक्य को पढ़ते हुए हम एक-ब-एक चौंक पड़ते हैं, इस तरह जैसे अतीत के सारे अधूरे, उलझे और गड्डमड्ड प्रभाव एक बहुत नोकीले बिन्दु पर आकर जम गए हों—और वह स्मृति है। हम जो अनुभव करते हैं, वह जाना-पहचाना होते हुए भी इस वाक्य में वह नहीं है। इसमें एक समयहीन गुण है, एक अनुभव जो शब्दों की जड़ों और वक़्त की परतों से अपनी ज़िन्दगी का सोता आप ही पैदा करता और जीवित रहता है। इस तरह कला की दुनिया विचित्र होती है। मानवीय चेतना से जन्म लेकर यह मानवीय खाके ही उतार फेंकना चाहती है, समय के पदचिह्नों को नष्ट करती है और ज़िन्दगी की एक ऐसी लय ग्रहण करती है जो इसकी अपनी है। कला की यह दुनिया अपने दर्शक या पाठक के सामने बार-बार पैदा होती है। वह वक़्त को अपने-आपमें मुंजमिद कर लेती है और जैसे ही आप कहानी उठाते हैं या किसी चित्र की ओर देखते हैं, सहसा पिघलकर वह फिर बहने लगता है।

कहानी की यह सितम्बर वाली शाम कभी ख़त्म नहीं होगी और सड़क पार करता हुआ आदमी अनन्तकाल तक चलता रहेगा। दरअसल कला मनुष्य के उन स्मृतिखंडों को नष्ट होने से बचाती है जिन्हें इतिहास भविष्य के जोम में जाकर कूड़ेदानी में फेंक देता है—वे स्मृतियाँ जो अतीत को समेटने या हमारे जीने में सहायक होती हैं और जिनके बग़ैर हम अपने-आपसे अजनबी बने रहते हैं।

शायद मनुष्य के सारे कार्यकलापों में सबसे ज़्यादा पेचीदा काम कलाओं का यह दोहरा चरित्र ही है जो एक ओर तो यथार्थ से अद्‌भुत साम्य रखता है लेकिन दूसरी तरफ़ इसका अपना निजी संसार भी है। यह कला को विरोधी गुण देता है। अगर यह यथार्थ की छायामात्र है तो फ़िज़ूल है, और अगर यह पूरी तरह स्वायत्त है, अपने-आपमें प्रभुसत्तासम्पन्न, तो इस पर किसी भी सामाजिक और राजनीतिक दबाव का कोई प्रभाव नहीं होगा—वह प्रभाव जिसका ख़तरा कला पर हमेशा बना रहता है। दरअसल, स्वप्न जैसे यथार्थ और यथार्थ जैसे स्वप्न के बीच कला जिस तरह का नाज़ुक सन्तुलन बनाए रखती है, वह दोनों दुनिया के कला-व्यवसायियों और भाववादियों के लिए निरन्तर झुँझलाहट और निराशा का कारण है। नतीजे में ये अपना बदला लेते हैं—एक इसे सत्ता का पिछलग्गू बनाता है और दूसरा केवल सौन्दर्यशास्त्रीय वस्तु। दोनों ही स्थितियाँ कला को विरोधी गुणोंवाली सच्चाई से ख़ारिज कर देती हैं—वह सच्चाई जिसे गोएटे ने 'अभिव्यक्त रहस्य' कहा था। कला के इस अनोखे चरित्र, इस अभिव्यक्त रहस्य में ही वह शक्ति है कि यह अपने समाज की स्थापित सत्ता का विरोध कर सके।

कला का रहस्य उसकी स्वतंत्रता में ही छिपा होता है और इसकी अभिव्यक्ति उसके रूप में, और यही वह अकेली सम्भावना है जो कलाकार को अपनी स्वतंत्रता के लिए प्रतिबद्ध बनाती है। स्वतंत्रता के इस कलात्मक रूप (फ़ॉर्म) हलक़े में ऐसी सम्भावना न तो आकस्मिक है

और न मनमानी, बरअक्स इसके यह चुनाव की सचेत प्रक्रिया से ही हासिल की जा सकती है। हर कवि साथ-साथ एक विवेकशील आलोचक भी होता है, उन अर्थों में नहीं जिसमें एक दार्शनिक अपनी सैद्धान्तिक सूक्तियों में होता है। बल्कि विचार के कर्म और उसके बरताव में। वह स्वीकार और अस्वीकार करता है, कुछ का चयन और कुछ को रद्द करता है—सारा समय इस भेदभाव के साथ कि कौन-सा हल मिथ्या और भ्रमकारी है और कौन सम्भावित। ज़ाहिर तौर पर ये हल औपचारिक लगते हैं लेकिन स्वतंत्रता में अन्तर्निहित उनका चयन सर्वथा नैतिक है। कला से अलग कला की कोई नैतिकता नहीं है, न तो सामाजिक बदलाव के हथियार की तरह और न प्रेषणीयता के माध्यम की तरह। प्रेषणीयता किसी भी कला की विश्वसनीय शर्त कभी नहीं रही—बावजूद इस सच के कि युगों से पंक्तियों का विन्यास और शब्दों की ध्वनियों का उपयोग सम्मोहन के लिए किया जाता रहा है। यह तथ्य आज भी अपनी जगह है कि कला में हमेशा जो सम्प्रेषित होता है, वह वास्तव में वही है जो यथार्थ में कभी प्रेषणीय नहीं हो सकता। अक्सर कविता का अर्थ उसमें नहीं होता जो कहा जा रहा होता है, बल्कि वहाँ होता है जहाँ वह शब्दों के इर्द-गिर्द एक आलोक-वृत्त (aura) बुनता है—भाषा के भीतर एक और भाषा में। विटगेंस्टाइन ने एक बार अपने दोस्त को एक पत्र में लिखा था :

> जो अनकहा है, उसे कहने की कोशिश अगर न करो तो तुम कुछ भी नहीं खोओगे, क्योंकि जो कहा गया है, उसमें अनकहा अबाध्य ढंग से ज़रूर शामिल होता है।

एक बार अस्तित्व में आ जाने के बाद कला पर ऐसे प्रयोजन थोपे जाते हैं जो भले ही उसके मूल्यांकन की शर्त बन जाएँ लेकिन वे रचना की बुनियादी माँग से अलग होते हैं, वह माँग जो किसी भी

नैतिक कर्म की तरह अपने-आपमें एक प्रयोजन होती है। स्वतंत्रता में जन्मा यह रूप किसी के नहीं बल्कि स्वयं स्वतंत्रता के काम आता है और यही उसकी नैतिकता भी है। ताज्जुब की बात है कि किसी और ने नहीं बल्कि स्वयं लूकाच ने अपनी युवावस्था और हेगलियन दौर में इसी तथ्य की ओर हमारा ध्यान दिलाया था :

> प्रत्येक साहित्यिक रूप, एक प्रकार का रूपगत कर्म, एक आधार-नीति है, एक ऐसी न्यायिक शक्ति जो जीवन की सम्भावनाओं के सोपान में एक क़दम है।

इस तरह कला की महत्ता जो यह निरूपित करती है, उसमें नहीं बल्कि ऐसे सारे निरूपण जो हमारे यथार्थ को धुँधला और रहस्यमय बनाते हैं, उनके विरुद्ध रचना में है। दरअसल कला की नैतिकता और रहस्य अनिवार्य रूप से ऐसी रूप-रचना है जो व्याख्या के पर्दे को चाक करता हुआ उन सबको रहस्यहीन और बेपर्द करे जिनसे हम घिरे हुए हैं। कला का अर्थ एक ऐसी यथार्थ रचना है जो सारी व्याख्याओं और सन्देशों से मुक्त हो—उनसे जो हमारे और संसार के बीच खड़े हैं। और यही कला की विडम्बना है। यह हमें ज़रूर रहस्यमय लगती है इसलिए कि यह हमें आदिम रोशनी की ऐसी नंगी और निर्मल दुनिया में फेंक देती है जो मनुष्य के सारे दर्प और सिद्धान्तों से निरावृत्त है और हमें लगता है, जैसे हम संसार, रोशनी, ज़मीन, प्रेम, घृणा और दु:ख को पहली बार देख रहे हैं। यही कला का गौरव है और यही है उसका आतंक। वह हमें बार-बार दुनिया के सामने ऐसे खींच लाती है, मानो हम उसे पहली बार देख रहे हैं।

शायद यह हमें रामकृष्ण परमहंस या सेंट जॉन की आत्मविभोरता के सबसे नज़दीक खींच लाती है, जहाँ उन्होंने संसार की वास्तविकता या यथार्थ को किसी व्याख्या के दर्पण में नहीं, दृष्टि की एक कौंध

में अनुभव किया था—एक ऐसी कौंध जिसमें मनुष्य और ब्रह्मांड का द्वैतभाव पूरी तरह विलीन हो जाता है। इसके पार सिवाय ख़ामोशी के और कुछ नहीं। रचनाकार और योगी के बीच निर्णायक अन्तर भी यहीं है क्योंकि रचनाकार जहाँ से आरम्भ करता है, वह यही सीमान्त है—एक ऐसी सीमारेखा जो ख़ामोशी और ब्रह्मांड के बीच फैली है। रचना का रूप जहाँ एक ओर इसी ख़ामोशी का प्रतिरूप है, वहीं रचनाकार का यह प्रयास भी है कि वह उसका अतिक्रमण कर सके। कोई भी रचनाकार अपनी रचना में दृष्टि का रूपान्तरण सायास नहीं करता बल्कि यह दृष्टि रचना-प्रक्रिया के दौरान उसी में से हासिल होती है। यह स्वयं कला की भाषा में समाई होती है। योगी या रहस्यवादी की दृष्टि की तरह रचनाकार की दृष्टि सम्पूर्ण या अन्तिम नहीं होती। रूप की खोज स्वयं अपने-आपमें जैसे आत्मा की हकलाहट है, अपने सन्देह की छाया पर एक क़दम है, एक गहरी खाई के ऊपर पाँव की टटोल है—एक ऐसी टोह, जो उसे खाई के खोखल को ही प्रतिबिम्बित नहीं करती, उसके पार छलाँग भी लगाती है।

सारी कलाएँ मनुष्य और प्रकृति के अलगाव का अक्स हैं लेकिन साथ ही इस अलगाव का अतिक्रमण करने की कोशिश मानवीय चेतना का एक बेहतरीन कर्म है। किन्तु कला में जिस चीज़ का अतिक्रमण होता है, वह वर्तमान की वास्तविकता और देह का यथार्थ नहीं है। इसके विपरीत वह वर्तमान की वायवी दैहिकता का उत्सव है, जिसमें यह अतिक्रमण चरितार्थ होता है। यह धार्मिक या रहस्यवादी फलाँग से बिलकुल अलग है जहाँ वर्तमान को स्वयं नकारा जाता है। लिहाज़ा रचना-कर्म एक साथ वर्तमान में मूर्त वास्तविक की अभिपुष्टि और उसकी आलोचना, दोनों है। मुमकिन है कि यह कला के वास्तविक मूल स्वप्न का विकृत रूप हो लेकिन इसी के रहते स्वप्न की स्मृति सुरक्षित बनी रहती है।

अगर संसार क्षणभंगुर है तो भी वह कम वास्तविक नहीं है और सान्ध्यकालीन आकाश, समुद्र या स्त्री की देह के लिए प्रेम सिर्फ़ इसीलिए कम प्रामाणिक नहीं हो जाता कि एक दिन वे नष्ट हो जाते हैं। मनुष्य ने कला में इसलिए मुक्ति खोजनी चाही है क्योंकि यह वास्तविक की क्षणभंगुरता को नकारे बग़ैर इसे एक ऐसी मुद्रा में बदल देती है जो मौत को झुठलाती है। जो कुछ 'अभी और यहाँ' मौजूद है, वह सुदूर भविष्य में छिपे परम को हासिल करने का मात्र माध्यम नहीं है—जब तक यह है, अपने-आपमें सम्पूर्ण है और किसी भी रचना में वह हमेशा जीवित बना रहता है। इसीलिए सर्वसत्तावादी सिद्धान्तों के लिए रचना-कर्म हमेशा एक ख़तरा बना रहा है। यह उनके भविष्यगत आदर्शों की जितनी खिल्ली उड़ाता है, उतना ही उसकी वर्तमान नृशंसता का विरोध भी करता है। हमारे समय में मतवाद (Ideology) समय पर वैसा ही बर्बर अत्याचार कर रहा है जिस तरह विज्ञान प्रकृति पर, हालाँकि दोनों के उद्देश्य एक-दूसरे के बिलकुल बरअक्स हैं। विज्ञान वर्तमान की ख़ातिर प्रकृति की चिरन्तनता का उल्लंघन करता है और आइडियोलॉजी काल्पनिक भविष्य के लिए वर्तमान पर बलात्कार—दोनों ही मनुष्य और कला का अमानवीयकरण करते हैं।

सम्भवतः किसी भी समय में लेखकों और कलाकारों ने इतने व्यापक स्तर पर उत्पीड़न, निर्वासन या एकान्तवास की यातना नहीं सही है जितने हमारे युग में। क्योंकि किसी भी समय में इन काली ताक़तों ने मनुष्य की छवि को विकृत कर इतना डरावना कभी नहीं बनाया था। अगर ईश्वर ने मनुष्य को अपनी छवि दी है तो यह हमारे समय की कला में ही हुआ कि उस छवि को अथक साहस के साथ बरकरार रखा जा सके। शायद अपने बचाव में कला यही उत्तर दे सकती थी, उस प्रश्न के जवाब में, जो टॉल्स्टॉय ने अपने जीवन के अन्तिम दिनों में उठाए थे—क्या कला का कोई अर्थ है?

दरअसल वह अर्थ नहीं था जो टॉल्स्टॉय ने कला में खोजना चाहा था, क्योंकि कला न तो रोटी दे सकती है और न बुराइयों के विरुद्ध हथियार की तरह काम दे सकती है और फिर भी हम वे उपन्यास पढ़ते हैं जो स्वयं टॉल्स्टॉय ने लिखे हैं और अब हम जानते हैं कि सिर्फ़ कला हमें क्या दे सकती है—वह है रोशनी का एक ऐसा नाज़ुक हलक़ा जो धुँधले शीशे के आर-पार अँधेरे की सघनता और हमारी तृष्णाकुल आकांक्षा—दोनों को पहचानने में मदद देता है।

साहित्य में प्रासंगिकता का प्रश्न

पिछले दिनों प्रेमचन्द की प्रासंगिकता पर जो धुआँधार बहस हुई है, उससे जो भी निष्कर्ष निकले, एक बात जो स्पष्ट होकर आई है, वह यह कि प्रेमचन्द प्रासंगिक हों या नहीं, स्वयं 'प्रासंगिकता' के बारे में हमारे यहाँ कोई स्पष्ट नहीं है। प्रेमचन्द अब पुराने पड़ गए हैं, प्रेमचन्द कभी पुराने नहीं पड़ सकते—इन दो चरम विरोधी मतों के पीछे मूल्यांकन के कोई अलग-अलग निकष नहीं दिखाई देते (यदि ऐसा होता तो बहस अधिक जीवन्त और मूल्यवान हो पाती)। खुले-छिपे शब्दों में मूल्यांकन की एक ही कसौटी मान ली गई है—साहित्य की सामाजिक उपादेयता—और चूँकि इस शब्द उपादेयता में कुछ पुराने फ़ैशन की, 'कुत्सित समाजशास्त्रीयता' की गन्ध आती है, इसलिए उसे प्रयोग करने में हम थोड़ा-सा हिचकते हैं, उसके बदले प्रासंगिकता या सार्थकता जैसे आधुनिक शब्द इस्तेमाल करते हैं, किन्तु मूल्यांकन के पीछे आग्रह वही है, प्रेमचन्द क्या आज हमारे लिए 'उपयोगी' हैं? यदि हैं, तो वह प्रासंगिक हैं, नहीं हैं, तो नहीं।

यह बात किसी को अजीब या आश्चर्यजनक नहीं लगती कि समूची बहस प्रेमचन्द के लेखन से हटकर साहित्य के प्रति हमारी सामाजिक धारणाओं पर आकर अटक गई है।

यहाँ मेरी मंशा प्रेमचन्द की प्रासंगिकता पर बहस करने की नहीं है, उनके बहाने स्वयं 'प्रासंगिकता' जैसे प्रश्न पर विचार करने की है। इसका बड़ा श्रेय भी शायद प्रेमचन्द को जाता है कि स्वयं उनके लेखन ने इस प्रश्न को इतना विवादास्पद बना दिया है, जो ऊपर से इतना सरल और सीधा जान पड़ता है। तुलसीदास या शेक्सपियर को हम आज भी इतना चाव से पढ़ते हैं, किन्तु उनके बारे में यह जिज्ञासा नहीं उठती कि वे आज भी क्यों हमारे लिए इतने प्रासंगिक हैं? प्रेमचन्द के बारे में तो हम यह कहकर छुट्टी पा सकते हैं (जैसा एक विज्ञ आलोचक ने एक टेलीविज़न-वार्ता में कहा था, कि वह आज भी हमारे लिए प्रासंगिक हैं, क्योंकि उनके समय की समस्याएँ कमोबेश वही हैं, जिनसे हम आज जूझ रहे हैं—हालाँकि इस पर विश्वास करना ज़रा कठिन है। क्या सचमुच ऐसा है कि हमारे समाज की स्थिति, किसान का अन्दरूनी अन्तर्द्वंद्व, सामाजिक रिश्तों का स्वरूप यथावत् वैसा है, जैसा प्रेमचन्द के समय में था? किन्तु यदि एक क्षण के लिए हम इस अद्भुत धारणा को स्वीकार भी कर लें तो हमें एक दूसरे अद्भुत निष्कर्ष को भी स्वीकार करना होगा कि यदि हमारे समाज की स्थिति बदल जाती, प्रेमचन्द के ज़माने से थोड़ा भिन्न हो जाती, तो प्रेमचन्द हमारे लिए अप्रासंगिक हो जाते। शायद विज्ञ आलोचक इस निष्कर्ष को स्वीकार न करना चाहेंगे, किन्तु यदि वह प्रेमचन्द की प्रासंगिकता को समाज के बाहरी खूँटों से बाँधेंगे तो उनका तर्क उन्हें घसीटता हुआ इसी निष्कर्ष पर लाकर छोड़ेगा! इस तर्क की भयावह परिणति यह होगी कि आज हमारे लिए तुलसीदास, इंग्लैंड के लिए शेक्सपियर और सोवियत-समाज के लिए टॉल्स्टॉय अप्रासंगिक हो जाने चाहिए, क्योंकि जिन स्थितियों और 'समस्याओं' की

अभिव्यक्ति उनके साहित्य में मिलती है, उनका हमारे युग की स्थितियों और समस्याओं से कोई लेना-देना नहीं।

यदि यह निष्कर्ष निगलना असम्भव जान पड़े, तो हमें अपना तर्क बदलना होगा। साहित्य में प्रासंगिकता की कसौटी बाह्य 'सामाजिक परिस्थितियों' में नहीं, कहीं अन्यत्र ढूँढ़नी होगी। यही नहीं, हमें आगे जाकर स्वयं कला में 'उपादेयता' या 'उपयोगिता' जैसे शब्दों को छोड़ना होगा, न छोड़ना चाहें तो उनका पुन:परीक्षण करना होगा—इस प्रश्न का उत्तर देना होगा कि कैसे एक कलाकृति नितान्त विभिन्न सामाजिक व्यवस्थाओं, अलग-अलग युगों की प्रतिकूल नैतिकताओं और विश्वासों के बावजूद और उनके बीच अपनी प्रासंगिकता क़ायम रख पाती है। एक शब्द में कहें—तो हमें कम-से-कम कला के क्षेत्र में स्वयं 'प्रासंगिकता' के बारे में नये सिरे से सोचना होगा।

ज़रा ध्यान से देखें, तो हम पाएँगे कि 'प्रासंगिकता' शब्द से ही समय की गन्ध आती है। समय जो आज है, आज जो हम हैं, हम जो आज हैं—आप कुछ भी कह लें, कोई भी कलाकृति, चाहे वह कितनी ही पुरानी क्यों न हो, समय की अनन्त धारा में इस क्षण अटके हुए 'मैं' को कितना आलोकित कर पाती है, उसकी प्रासंगिकता इस कसौटी पर आँकी जाती है। दूसरे शब्दों में कहें, तो प्रासंगिकता के मूल में यह प्रश्न पूछा जाता है कि क्या कोई कलाकृति अपने में इतनी शक्ति, इतनी सामर्थ्य, इतनी सर्वांगीण सम्पन्नता रखती है कि अपने समय की विशिष्ट परिस्थितियों से उठकर 'छलाँग लगाकर' हमारे समय तक पहुँच पाती है? समय बहता है। अतीत कहीं बहुत पीछे छूट गया है। इतिहास के इस सतत प्रवहमान, सतत परिवर्तनशील सन्दर्भ में एक कलाकृति आज मेरे लिए सिर्फ़ एक अर्थ में (दूसरा कोई अर्थ नहीं है) प्रासंगिक हो सकती है कि वह समूचे इतिहास की नोक पर एक बार फिर—अपनी पूरी तात्कालिकता, तन्मयता और तीव्रता के साथ मेरे आज के चेहरे

को स्वयं मेरे लिए अपने भीतर जगाकर पूछ सके—मैं कौन हूँ? महर्षि रमण जो प्रश्न अपने साधकों से पूछते थे, वही प्रश्न एक प्रासंगिक कलाकृति हर युग के पाठक या श्रोता से स्वयं उसकी भाषा में पूछती है। वाल्मीकि का काव्य या एलोरा की मूर्तियाँ हमारी दुनिया को भेदती हैं, उनके साक्षात् से हम एक क्षण के लिए भूल जाते हैं, किन सामाजिक परिस्थितियों, किस ऐतिहासिक क्षण में उनका सृजन हुआ था; देश और काल की सीमाओं का उल्लंघन करते हुए हम अपने को एक ऐसी दुनिया में पाते हैं जो आत्मलीन है, पूर्ण रूप से स्वायत्त है। वह हमें उद्वेलित करती है, किन्तु हमारे ऐतिहासिक पूर्वग्रहों, मर्यादाओं, नैतिक विश्वासों द्वारा अनुशासित नहीं होती। कला की यह अद्भुत विडम्बना है कि विशिष्ट सामाजिक स्थिति में जन्म लेने पर भी, मनुष्य द्वारा सर्जित होने के बावजूद वह मानवीय स्थिति की बन्दी या ऐतिहासिक सीमाओं की ग़ुलाम बनकर नहीं रह जाती।

कला की इस रहस्यमय विडम्बना को कुरेदने का प्रयास अनेक आलोचकों ने किया है। उनमें से कुछ का यह विचार कि कला की शाश्वत प्रकृति ही उसे हर समय और युग के लिए प्रासंगिक बनाती है, मुझे बहुत अविश्वसनीय और भ्रामक जान पड़ता है। यदि एक कलाकृति अपने में ऐतिहासिक समय का अतिक्रमण करती है, तो इसका मतलब यह नहीं कि वह समय की चिरन्तनता को—किसी अपरिवर्तनशील शाश्वत सत्य को—उपलब्ध कर लेती है। सच पूछा जाए तो कला में शाश्वत कुछ भी नहीं होता, क्योंकि उसमें कुछ भी सम्पूर्ण रूप से अन्तिम (final) नहीं होता। अन्तिम सम्पूर्णता का प्रतीक ईश्वर हो सकता है, कला नहीं। यह नहीं कि कोई पेंटिंग, कविता या कहानी अपनी संरचना (form) में सम्पूर्ण नहीं होती, उसकी सम्पूर्णता ही हमें एक अनोखे क़िस्म की संकेन्द्रित तन्मयता देती है, जो हमें किसी अन्य स्रोत से प्राप्त नहीं होती। किन्तु इसका अभिप्राय यह नहीं कि उसने किसी अन्तिम सत्य,

किसी समाधान को प्राप्त कर लिया है। कला में फ़ार्म का सम्बन्ध मनुष्य के सत्य से नहीं, कलाकार की आकांक्षा से जुड़ा रहता है। कोई कविता इसलिए समाप्त नहीं होती कि कवि ने सत्य उपलब्ध कर लिया है, बल्कि इसलिए कि उसने उसके भीतर अपनी आकांक्षा को समेट लिया है। शायद इसी अर्थ में वॉल्टर बेन्यामिन ने लिखा था कि 'सत्य आकांक्षा की मृत्यु है', एक बार सत्य पा लेने के बाद कविता जीवित नहीं रहती, क्योंकि उसमें प्राण स्फुरित करनेवाली आकांक्षा ही मुरझा जाती है। यह संयोग नहीं है कि जो लेखक अपनी रचनाओं में 'शाश्वत सत्य' से कम कुछ भी स्थापित नहीं करना चाहते, वे अपनी रचनाओं की तात्कालिक प्रासंगिकता भी खो देते हैं।

अत: कला में यदि कोई चीज़ 'शाश्वत' है, तो यही आकांक्षा—समय और व्यक्ति से बँधी हुई, अधूरी और अनिश्चित, इतिहास की गर्द और आत्मा की गर्दिश में लिपटी हुई—जो कलाकृति में अचानक एक सम्पूर्णता, एक अर्थ, एक्सटेसी का आलोक, एक निर्वैयक्तिक तटस्थता, एक समयहीनता प्राप्त कर लेती है। चूँकि कोई कलाकृति अपने सत्य में सम्पूर्ण नहीं है, इसलिए हर युग का मनुष्य उसके भीतर अपने सत्य की प्रासंगिकता खोज निकालता है। यह इसलिए कि इस धरती पर, समूचे सौरमंडल में मनुष्य सबसे ज़्यादा अधूरा प्राणी है—इसलिए 'पूरा होने' की आकांक्षा उसके भीतर एक चिरन्तन ज़ख़्म की तरह खुली रहती है। पशुओं को जो ग्रेस प्रकृति के सान्निध्य से प्राप्त होता है और देवदूतों (Angels) को जो उज्ज्वलता ईश्वर के पास होने से मिलती है, मनुष्य इतना अभागा है कि दोनों से वंचित होकर वह एक अभिशप्त अलगाव में ठिठुरता रहता है। मनुष्य का यह लावारिस अलगाव और अधूरापन कोई आधुनिक, पश्चिम-बोध की देन नहीं है—वह मनुष्य के मनुष्यत्व के बीच एक कीड़े की तरह विद्यमान है, धरती पर उसके महज़ 'होने' के बोध में निहित है। उसकी समूची मिथक संरचना, धर्म-विधान,

ईश्वर-कल्पना और—हमारे समय में सम्पूर्ण क्रान्ति का स्वप्न इसी अभिशप्त अनाथावस्था से छुटकारा पाने का गौरवपूर्ण, ट्रैजिक और बीहड़ प्रयास है। कला यदि इनसे अलग है, तो इसलिए नहीं कि वह इस अधूरेपन के पाप से मुक्ति पाने का स्वप्न नहीं देखती—यह स्वप्न और आकांक्षा ही तो उसकी सतत प्रासंगिकता के केन्द्र में है—फ़र्क़ केवल इतना है (और यह बुनियादी अन्तर है)—कि यह स्वप्न कहीं बाहर और परे न होकर स्वयं उसकी सृष्टि, उसके फ़ार्म, उसकी संरचना में सन्निहित है। वह चाहे हज़ार पृष्ठों का एपिक हो, या चार पंक्तियों की कविता—वह अपने भीतर अर्थ के जिस स्पेस को घेरती है, उसी में हम अपने अधूरेपन का अतिक्रमण कर लेते हैं। उसके भीतर ही—शब्दों के विशिष्ट तन्तु-जाल में वह गरमाई है, जहाँ पहुँचते ही हम एक क्षण के लिए अकेलेपन की ठिठुरन से छुटकारा पा जाते हैं।

कला की यह द्विविधात्मक प्रकृति—किसी शाश्वत सत्य को न अभिव्यक्त करते हुए भी अपने में सम्पूर्ण आत्मलीन और स्वयंसिद्ध होना—बहुत महत्त्वपूर्ण है। वह सम्पूर्ण है, किन्तु चारों तरफ़ से खुली हुई है, किसी अन्तिम सत्य के ताले में बन्द नहीं है। यह एक ऐसी चीज़ है, जो कला को इतनी शक्ति देती है कि वह हर तानाशाह आइडियोलॉजी को चुनौती दे सके। आइडियोलॉजी से आक्रान्त जिस युग में हम रहते हैं—वहाँ हमेशा यह कोशिश की किसी झूठे—सच्चे आदर्श, किसी यूटोपिया की मरीचिका से नत्थी किया जा सके। इसके विपरीत कला अपने असीम खुलेपन के द्वारा हर आइडियोलॉजी के बने-बनाए 'सत्य' को खटखटाती है, हमें बाध्य करती है कि हम ऐतिहासिक भ्रमों की कुहेलिका से मुक्त होकर अपनी स्थिति को अतीत और आज और भविष्य के समूचे प्रवाह के भीतर आँक सकें। 'इलियड' और 'महाभारत' में हम मनुष्य की नियति को—उचित और अनुचित, धर्म और अधर्म, सम्भव और असम्भव को—इसी अनन्त प्रवाह में देख पाते हैं।

किन्तु इस प्रकार की झलक अलग-अलग रूपों में क्या सभी महत्त्वपूर्ण कलाकृतियों में नहीं दिख जाती? 'महाभारत' पढ़ते हुए हम यह निर्णय नहीं कर पाते कि सत्य युधिष्ठिर के पास है या कर्ण के पास—क्योंकि यह महत्त्वपूर्ण नहीं है कि सत्य किसके पास है! महत्त्वपूर्ण वह समूची बहस है जो 'महाभारत' के भीतर बहती हुई हमें एक ऐसे चमकदार बिन्दु पर पहुँचा देती है, जहाँ सत्य और असत्य, धर्म और अधर्म का निर्णय स्वयं हमारे सार्थक जीने की अनिवार्य शर्त बन जाता है; चूँकि 'महाभारत' कोई शाश्वत सत्य निर्धारित नहीं करता, इसलिए हर युग के लिए वह शाश्वत रूप से एक प्रासंगिक जिज्ञासा का स्रोत बन जाता है। यही एक कलाकृति की प्रासंगिकता की सबसे कठोर परीक्षा और सबसे विश्वसनीय कसौटी है कि वह हमें इतिहास के सतत प्रवाह से एक क्षण के लिए बाहर ले आती है ताकि हम स्वयं अपने को उसमें बहता हुआ देख सकें। एक योगी की तरह नहीं, जो धारा को असम्पृक्त भाव से देखता है, एक मार्क्सवादी चिन्तक की तरह नहीं, जो मनुष्य को धारा के भीतर ही डुबो देता है—बल्कि एक ऐसी अन्तर्दृष्टि, जिसमें मनुष्य एक साथ ही धारा का द्रष्टा भी है और उसका अंग भी—जहाँ वह समय के सतत प्रवाह के भीतर स्वयं अपनी जीवनधारा की दिशा, गहराई, उथलापन—दो शब्दों में कहें—अपनी माया और यथार्थ को चीन्हने की रोशनी पा लेता है।

कैसी रोशनी है यह, जो एक कलाकृति से बाहर आती है? वह कोई सुख की रोशनी नहीं है, न सत्य की, न हमारी शंकाओं के उत्तर की। रेम्ब्राँ के चित्र में एक बूढ़ी औरत कोई जवाब नहीं है, बुढ़ापे के दुःख का—किन्तु बुढ़ापे की एक-एक झुर्री (जो सिर्फ़ रंग की रोशनी में है, कैनवास पर चिपकी हुई) हमारी—दर्शक की—गुज़रती हुई ज़िन्दगी पर कील ठोंक जाती है, प्रश्न-चिह्न की कील—और उसके दबाव-तले जब हम गैलेरी या म्यूज़ियम से बाहर निकलते हैं, तब हर मनुष्य के

चेहरे को एक दूसरी निगाह से देखने लगते हैं—एक ऐसी निगाह, जिसमें हमारा अनुभव रेम्ब्राँ के रंगों से जुड़ गया है, जिसमें बुढ़ापे का सत्य छिपा है, जो स्वयं मेरे सांसारिक यथार्थ को शंकालु, स्तब्ध, सन्दिग्ध बना देता है। प्रासंगिक कलाकृति वह नहीं होती है, जिसमें हर समय और स्थान में जीवित लोगों के लिए शाश्वत उत्तर या सत्य होते हैं, बल्कि, वह जो हर युग में बने-बनाए सत्यों और उत्तरों के पैटर्न को बिगाड़ देती है, भंग कर देती है, हर विश्वास को शंकालु बना देती है ताकि हम एक बार फिर अपने समय के द्वंद्वों, शंकाओं और पीड़ाओं का नया अर्थ खोज सकें। टॉल्स्टॉय के उपन्यास 'अन्ना कैरेनिना' में एक स्त्री अपने पति से विश्वासघात करती है। अपनी घर-गृहस्थी, मान-मर्यादा—यहाँ तक कि अपने बच्चे के स्नेह को ठुकराकर अपने प्रेमी के साथ भाग जाती है—फिर स्वयं प्रेम से भी हताश हो जाती है और कोई रास्ता न पाकर आत्महत्या कर लेती है। समाज की हर नैतिक कसौटी, परम्परागत मर्यादा के हर मापदंड पर वह स्त्री व्यभिचारिणी नहीं—तो क्रूर, स्वार्थी और पुंश्चली मानी जाएगी। किन्तु उपन्यास में टॉल्स्टॉय हमारे समस्त नैतिक विश्वासों को खोखला, पंगु और पाखंडी बना देते हैं। उपन्यास पढ़ने के बाद कठघरे में अन्ना कैरेनिना नहीं, हम अपने को खड़ा पाते हैं, जहाँ प्रेम और विवाह और मानवीय रिश्तों की पवित्रता के सम्बन्ध में हमें अपने जड़ित विश्वासों को तोड़कर एकदम नये सिरे से सोचने के लिए विवश होना पड़ता है—यह उपन्यास यदि आज भी हमारे लिए घोर प्रासंगिक है तो इसलिए कि नैतिकता और सत्य और प्रेम के प्रश्न आज भी उतने ही खुले और सन्दिग्ध हैं, जितना कभी पहले थे।

रेम्ब्राँ के चित्र? टॉल्स्टॉय का उपन्यास? मुझे डर है, इन विदेशी नामों को सुनते ही आपकी भौंहें कुछ तिरछी होंगी। मुझ पर इतनी बार 'विदेशीपन' का आरोप लगाया गया है कि इस बार जानबूझकर मैं इन विदेशी कलाकारों का उल्लेख करने का जोखिम उठा रहा हूँ।

कैसे एक डच कलाकार और रूसी लेखक अपने समय की समूची परिस्थितियों, परम्पराओं, संस्कारों को लाँघकर आज मेरे लिए—बीसवीं शती में रहनेवाले एक भारतीय के लिए—प्रासंगिक हो सकते हैं, हम इस प्रश्न से मुँह नहीं मोड़ सकते। अब आप शायद समझ गए होंगे, क्यों मैंने इन दो विदेशी कलाकारों का उदाहरण देना ज़रूरी समझा। इसका एक उत्तर हमेशा से यह दिया जाता रहा है कि महान कला सार्वभौमिक होती है—हर देश और समाज की सीमाओं से परे और ऊपर। मुझे यह उत्तर उतना ही असन्तोषजनक लगता है, जितना कला में शाश्वत को ढूँढ़ना। क्रान्ति के फ़ॉर्मूले, मानव मुक्ति के आदर्श, आध्यात्मिक शान्ति और सत्य पाने के सूत्र सार्वभौमिक हो सकते हैं, होते भी हैं, उनमें एक कालातीत सत्य होता है, जिसके कारण बुद्ध और ईसा और ताओ का सन्देश आज भी हमें इतना महत्त्वपूर्ण और मर्मस्पर्शी जान पड़ता है। किन्तु कला? एक कलाकृति का जादू और मर्म और रहस्य उसके सार्वभौमिक सन्देश में नहीं, उसकी नितान्त निजी, विशिष्ट बुनावट में निहित होता है, जिसमें भाषा, रंग और ध्वनियों के रेशे एक सर्वथा मौलिक, अद्वितीय सृष्टि की रचना करते हैं—और इस विशिष्ट रचना के भीतर ही एक कविता या चित्र अपना अनूठा सत्य सम्प्रेषित करते हैं। यह सत्य सार्वभौमिक नहीं है—किन्तु हर पीढ़ी का व्यक्ति इस रचना के भीतर अपने प्रासंगिक सत्य को ढूँढ़ निकालता है।

> कला के सत्य, और एक सामाजिक या दार्शनिक सन्देश में यह मूलभूत अन्तर है—सन्देश दूसरों की भाषा में दिया जाता है, कला के सत्य को सिर्फ़ कलाकृति की भाषा के भीतर ही ग्रहण किया जा सकता है, उसके बाहर नहीं।

'अन्ना कैरेनिना' जैसा उपन्यास रूस की विशिष्ट, सर्वथा जातीय परिस्थिति से तो जुड़ा ही है, किन्तु जिस भाषा में वह लिखा गया,

उसके संस्कार लेखक की अन्तर्दृष्टि को एक स्वायत्त क़िस्म का अनूठापन देते हैं, जो किसी अन्य परिस्थिति, अन्य भाषा, अन्य भूखंड पर असम्भव हो जाता। उपन्यास से कहीं अधिक कविता में भाषा दख़ल देती है, जहाँ कविता का अर्थ स्वयं शब्दों की विशिष्ट संरचना में साँस लेता है।

इस बिन्दु पर हम कला की प्रासंगिकता के सबसे पेचीदा, विडम्बनापूर्ण केन्द्र में पहुँच गए हैं। यदि एक कलाकृति का सत्य सिर्फ़ उसकी विशिष्ट रचना में है—यदि उसकी प्राणवत्ता उसके अनूठे वैशिष्ट्य में साँस लेती है, भाषा और जातीय स्मृतियों की धरती से अपना रूप और स्वभाव ग्रहण करती है, तो कैसे वह अलग समय में, एक विदेशी समाज में, परायी संस्कृति की अजनबी स्मृतियों में प्रवेश कर पाती है? प्रवेश ही नहीं करती, बल्कि एक विराट रहस्योद्घाटन (revealation)-सा करती जान पड़ती है—एक ऐसे प्रामाणिक स्तर पर—जहाँ हमें पराये विदेशी लेखक कभी-कभी अपने जातीय भाषा के लेखकों से कहीं ज़्यादा प्रासंगिक और मूल्यवान जान पड़ने लगते हैं?

मेरी समझ में इसका एक ही उत्तर है—और वह कला की शाश्वतता या सार्वभौमिकता में नहीं—बल्कि मनुष्य की गहनतम अन्तर्चेतना के मूलभूत ढाँचे में है—जहाँ मनुष्य का समग्र अस्तित्व वास करता है। कला की अभिव्यक्ति चाहे किसी भी भाषा, रूप या जातीय स्मृति के बिम्बों में हो, वह हमेशा हमें 'अपने होने की स्थिति से साक्षात् कराती है'—और 'होने' की यह स्थिति हर समय, हर जगह एक जैसी है, जहाँ कहीं इस धरती पर मनुष्य जीवित है। यही कारण है कि आज भी हम प्रागैतिहासिक मनुष्य द्वारा रचे गए गुहा-चित्रों से इतना प्रभावित होते हैं, उन्हें अपने भीतर इतना प्रासंगिक मानते हैं, यद्यपि उस गुहा-मनुष्य की भौतिक, सामाजिक अवस्था से हमारा कहीं मेल नहीं बैठता।

दूसरी तरफ़ अपनी भाषा में ही रची गई एक समकालीन रचना हमें नितान्त सूखी और ख़ाली लग सकती है—अख़बार की एक रिपोर्ट

की तरह नई—जो कल बासी पड़ जाएगी। अन्ततः कला में प्रासंगिकता की समस्या ऐतिहासिक समय पर निर्भर नहीं करती, वह उन प्रश्नों से सम्बन्ध रखती है, जो समाज, संस्कृति, इतिहास और परम्परा से जुड़कर भी कहीं सतह के नीचे समूचे मनुष्य की नियति को छूते हैं, जिन्हें न विज्ञान विश्लेषित कर सकता है, न कोई राजनीतिक सिद्धान्त अपने में समेट सकता है, क्या पाप है और क्या पवित्र, नैतिक और अनैतिक के बीच विभाजन-रेखा, हम क्या हैं और हमें क्या होना चाहिए, सुन्दर और असुन्दर—और सबसे बड़ा प्रश्न—प्रकृति और शून्य के बीच मनुष्य का अकेलापन, जिसे 'ईश्वर' की कल्पना भी दूर नहीं कर सकती, क्योंकि इस धरती पर मनुष्य ही ऐसा जीव है जो अपनी मृत्यु की अनिवार्यता से अवगत है।

ये प्रश्न महज़ 'दार्शनिक प्रश्न' कहकर नहीं टाले जा सकते, वे मनुष्य की उन बुनियादी, अन्तरतम अनुभूतियों के ढाँचे में गुँथे हैं, जो मनुष्य को दुनिया के समस्त प्राणियों से अलग करती हैं। जिस अँधेरे अनुभव से 'भाषा' जन्म लेती है, उसी स्रोत से इन प्रश्नों का जन्म होता है। यह नहीं, पहले भाषा जन्म लेती है—और फिर उस भाषा में इन प्रश्नों को पूछा जाता है—बल्कि भाषा का जन्म ही प्रश्नों की इस प्रसव-पीड़ा के द्वारा होता है और स्वयं ये प्रश्न मनुष्य की भाषा में ही रूपायित हो सकते हैं। एक कलाकृति सिर्फ़ मनुष्य की भाषा का सघन, एकात्म, संकेन्द्रित 'इशारा' है, वह चाहे दुनिया के किसी कोने से उठता हो, यदि वह हमारे इस ढाँचे में हलचल उत्पन्न करता है, तो वह हमारे लिए तुरन्त और तात्कालिक रूप में प्रासंगिक हो जाता है। आदिमनुष्य से अधुनातन मनुष्य के भीतर प्रश्नों की जो ठंडी, बर्फ़ीली झील जमी रहती है, एक कलाकृति कुदाली की तरह इस पथराई, पथरीली बर्फ़ को खोदकर नीचे दबी चेतना को पुन:प्रवाहित करने लगती है। हम न केवल इस प्रवाह को अपने भीतर महसूस करते हैं, बल्कि उस कविता,

उपन्यास या चित्र के माध्यम से स्वयं वह प्रवाह बन जाते हैं, जो स्वयं कलाकृति की सत्ता में मौजूद है। फाकनर ने एक बार कहा था कि एक महान उपन्यास बहते हुए समय को अपने पृष्ठों पर रोक लेता है और जब पचास-साठ साल बाद हम उस उपन्यास को पढ़ते हैं, तब रुका हुआ समय फिर बहने लगता है।

इससे हम एक अद्‌भुत निष्कर्ष पर पहुँचते हैं : एक कलाकृति अपने में आत्मलीन, स्वायत्त इकाई होने पर भी कोई स्थिर या ठहरी हुई सत्ता नहीं है—समय के चौखटों में बन्द नहीं है। वह हर पीढ़ी की आँखों में, यहाँ तक कि एक ही पीढ़ी के अलग-अलग व्यक्तियों के लिए अपना अर्थ बदलती रहती है। हम किसी कलाकृति में क्या और कितना कुछ पाते हैं, यह उस कलाकृति की सर्वांगीण अर्थवत्ता पर तो निर्भर करता ही है, किन्तु "इस बात पर भी निर्भर करता है कि हर पीढ़ी का मनुष्य कितना और कैसा अनुभव लेकर उस कलाकृति के पास जाता है।" हैमलेट की जो छवि एलिजाबेथ—युग के नाटक—दर्शकों के लिए थी, क्या वही छवि आज हमारे भीतर है? नाटक वही है, किन्तु उसकी प्रासंगिकता के स्थल और कोण बिलकुल बदल गए हैं। अर्जुन के संशय एक समय में केवल उसके 'मोहग्रस्त अज्ञान' को दर्शाते थे, किन्तु आज वही संशय आधुनिक मनुष्य के संकट का केन्द्रबिन्दु बन गए हैं। स्वयं कृष्ण के वचन हमारे लिए—आस्था और आस्तिकता से ऊपर उठकर—एक ऐसे नैतिक दायित्व का बोध कराते हैं, जिसे गांधीजी ने अपने ढंग से भारतीय स्थिति के सन्दर्भ में एक सर्वथा अनूठे अर्थ में विश्लेषित किया था, जिसके प्रति शायद पिछले युग का कोई भी भारतीय मनीषी सचेत नहीं था। शब्द वही हैं, उपदेश वही हैं, कृष्ण और अर्जुन भी वही हैं, सिर्फ़ वह 'कुरुक्षेत्र' बदल गया है, जिसमें आज हम सत्य और असत्य, धर्म और अधर्म के बीच संघर्ष कर रहे हैं—और उसके बदलने मात्र से स्वयं 'महाभारत' जैसी कलाकृति से हमारा सम्बन्ध एक

सर्वथा नूतन धरातल पर पुनर्जीवित हो गया है। हम यह कह सकते हैं कि 'महाभारत' का काव्य हमारे लिए बदल गया है, किन्तु हम यह भी कह सकते हैं कि काव्य नहीं बदला है, बल्कि उसमें एक ऐसे समूचे मनुष्य की मूल (archetype) छवि है, जिसमें हर युग का प्राणी अपने अनुभव के दबाव तले प्रासंगिक अर्थ खोज निकालता है—और ये दोनों ही बातें सच हैं।

मैंने ऊपर 'समूचे मनुष्य' की बात कही है। कौन है यह समूचा मनुष्य? मेरे विचार में समूचा मनुष्य स्वाधीन मनुष्य है। या यों कहें, स्वाधीन मनुष्य ही समूचा बनने का स्वप्न देख सकता है। यह स्वप्न वही आकांक्षा है, पूरा बनने की आकांक्षा, जो हर कलाकृति के मूल में वास करती है, विधाता ने मनुष्य को अधूरा अवश्य बनाया है, किन्तु मुआवज़े में उसे एक ऐसी चीज़ दी है, जो न पशुओं को प्राप्त है, न देवदूतों को—स्वाधीनता का दुर्लभ वरदान—जिसका सबसे ठोस और साकार रूप हमें कला में मिलता है। आज यदि कला सबसे अधिक प्रासंगिक हो गई है तो इसलिए कि पहले किसी युग में मनुष्य की स्वतंत्रता इतने गहन संकट में नहीं पड़ी थी। आज मनुष्य न केवल प्रकृति और ईश्वर विलगित हो गया है (और यहाँ मैं 'ईश्वर' का अर्थ व्यापक अर्थ में, दैवी पवित्रता के अर्थ में ले रहा हूँ, संकीर्ण आस्तिक या नास्तिक अर्थों में नहीं बल्कि स्वयं अपने निजी वैशिष्ट्य से—जिसमें उसकी देह और आत्मा, दोनों शामिल हैं—निर्वासित हो गया है। यह आकस्मिक नहीं है कि आधुनिक कला की अधिकांश रचनाएँ आज हमें सम्पूर्णता या कृतज्ञता का बोध नहीं करा पातीं क्योंकि कला ने अपनी स्वतंत्रता का गरिमामय वरदान भूलकर अपने को समय के फ़ॉर्मूलों, मंत्रों और फ़ैशनों (जिसमें आइडियोलॉज़ी का फ़ैशन सबसे आकर्षक और घातक है) में बाँध लिया है! यदि निर्वासित मनुष्य की कला स्वयं अपनी स्वतंत्र मेधा से निर्वासित हो गई हो, तो वह मनुष्य को अपनी स्वाधीनता से कैसे अवगत करा पाएगी?

यह नहीं कि कला से हमें प्रकाश ही प्राप्त हो, किन्तु हम अपने अँधेरे से परिचित हो सकें—यह वही कलाकृति कर सकती है जो स्वयं प्रकाश और अँधेरे के बीच मँडराती छलनाओं से परिचित हो। इसलिए यह कहना कि एक ऐसे समाज में—जहाँ मनुष्य ग़रीबी और भूख और अन्याय से पीड़ित हो—कला सिर्फ़ भोग-विलास की वस्तु है, अप्रासंगिक है—वह न मनुष्य की भूख और पीड़ा को समझना है, बल्कि कला के मौलिक धर्म को भी अनदेखा कर देना है। कला बार-बार मनुष्य को उसके बाहरी बन्धनों, ऐतिहासिक छलनाओं और स्वयं उसकी अन्दरूनी भ्रान्तियों से मुक्त करवाकर उसे वर्तमान में ले आती है—शाश्वत वर्तमान की क्रूर, किन्तु शान्त रोशनी में, उसके समूचे नंगे अस्तित्व की ओर—और यह कलाकृति को किसी भी समाज-व्यवस्था में प्रासंगिक बनाने की सबसे प्रमुख और अनिवार्य शर्त है।

संवाद की मर्यादाएँ

संवाद आत्मा की ज़रूरत है। मैं उसे एक तरह की भूख मानता हूँ, जिसे मनुष्य ने उस 'आदिक्षण' में महसूस किया होगा जब उसे लगा होगा कि वह मनुष्य है; अपने में अकेला है, लेकिन दूसरों के साथ है। दूसरे भी अकेले हैं, लेकिन उसके साथ हैं। हम अपनी आँखों से अपने को नहीं देख सकते, लेकिन दूसरों को देख सकते हैं और हमें यह आशा बँधती है कि हम भी उन्हीं की तरह होंगे। वे हमारा—हमारी देह और आत्मा का— आईना-सा बन जाते हैं। एक-दूसरे को देखने की प्रक्रिया में 'शब्द' का जन्म हुआ होगा। वह मैं भी है और दूसरा भी। शब्द केवल संवाद का माध्यम नहीं, हमारे होने का साक्षी भी है। हमारे होने का रहस्य उसके भीतर निहित है। इसलिए शब्द शुरू में था और हम उसमें शुरू हुए थे।

एक-दूसरे को पहचानने की खोज आज भी जारी है। शब्द पर जितने आक्रमण हुए हैं, उन्हें हमारी आत्मा ने भी झेला है।

किन्तु एक समय आता है—और शायद वह अँधेरे की सबसे यातनामय घड़ी होती है—जब शब्द गूँगा हो जाता है और आत्मा मृतप्राय-सी। स्वतंत्रता-प्राप्ति के बाद अनेक ऐसे वर्ष आए जब हम प्रगति, विज्ञान, आधुनिकता की अन्धाधुंध दौड़ में यह पूछना भी भूल गए, यह दौड़ किसलिए है? हम कहाँ भाग रहे हैं? हमें जहाँ पहुँचना है, वह पड़ाव क्या है?—ये प्रश्न किसी एक अकादमीय अनुशासन के भीतर नहीं आते, न ही इनका उत्तर कोई विशिष्ट राज्यसत्ता या सामाजिक तंत्र दे सकता है। ये मनुष्य के प्रश्न हैं, जिन्हें समूचा मनुष्य ही दे सकता है। क्योंकि इस तरह का 'समूचा मनुष्य' आज खंडित हो चुका है। ये प्रश्न भी केवल अकादमियों, सेमिनारों या बुद्धिजीवी गोष्ठियों में उठाए जाते हैं और वहीं दफ़ना भी दिये जाते हैं। सार्थक संवाद के लिए यह ज़रूरी है कि इन शंकाओं और जिज्ञासाओं को बुद्धि की चहारदीवारी से उठाकर दैनिक जीवन के कुरुक्षेत्र में प्रस्तुत किया जाए। यह कुरुक्षेत्र राजनीति का मैदान भी है और व्यक्तिगत नैतिकता का धर्मक्षेत्र भी। कितनी बड़ी विडम्बना है कि जहाँ स्वयं मनुष्य के अस्तित्व का प्रश्न है, वहाँ उस अस्तित्व के अर्थ और धर्म को ऐसी शक्तियाँ परिभाषित करती हैं जिनका अपना कोई नैतिक दायित्व नहीं। जिस शब्द को हमने अपनी पहचान का ईश्वर माना था, उस शब्द के संवाहक हैं झूठ और अर्द्धसत्यों से भरे अख़बार, बाज़ारू पत्रिकाएँ, राजनीतिज्ञों के स्वार्थलिप्त भाषण, जिनका मनुष्य के सत्य और अनुभव से कोई सरोकार नहीं। क्योंकि हर व्यक्ति अपने सीमित क्षेत्र में आत्मलिप्त है। हमें दूसरे मनुष्य को जानने का मौक़ा अपनी आत्मा की भूख से उत्प्रेरित होकर नहीं, इतर शक्तियों और स्वार्थों द्वारा निर्मित एक बनी-बनाई 'इमेज' द्वारा मिलता है। हम छायाओं की दुनिया में छायाओं से वार्तालाप करते हैं, उन शब्दों के सहारे जो स्वयं मौलिक शब्द की छाया बन चुके हैं।

सिर्फ़ मानव-कर्म है जिसके द्वारा 'छायाओं का संसार' हाड़, मांस और जीवन्त आकार से सम्पन्न होता है, साँस लेता है, जीने का सत्त्व ग्रहण करता है। कर्म का यह क्या रहस्य है जिसमें शब्द जीता है, जिसे आज तक कोई भी अधिनायक सत्ता, तानाशाही, इतिहास की बर्बर अमानवीय थपेड़ नष्ट नहीं कर पाई? यह रहस्य और कोई नहीं, सिर्फ़ एक छोटा-सा सत्य है—इस धरती पर मनुष्य का होना, उसकी उपस्थिति का अमोघ और चमकीला आत्मबोध। जब मनुष्य और मनुष्य के बीच संवाद की सम्भावनाएँ झूठ, हिंसा और आतंक के अँधेरे में डूबती-सी जान पड़ती हैं, तब भी मनुष्य का 'होना' एक अकेले दीये-सा टिमटिमाता रहता है। वह दीया कुछ और न होकर मानव-कर्म है, जो अनेक रूपों में अपने को प्रमाणित करता हुआ जीवित रहता है। हल और हथौड़ा इस कर्म को एक स्तर पर उद्घाटित करते हैं। कविता और संगीत और चित्र इसी मानव श्रम के दूसरे आयाम को आलोकित करते हैं। दोनों—श्रम और कला—का मूल प्रेरणास्रोत एक ही है : "मैं हूँ। मैं इस धरती पर हूँ। मैं जीवित हूँ।"

क्या मेरा इस धरती पर होना अपने में सम्पूर्ण है? मैं अक्सर यह प्रश्न अपने से पूछता हूँ। यदि गौतम बुद्ध बारह वर्ष समाधि में रहकर कोई सत्य, सत्य का दर्शन उपलब्ध कर पाए तो अवश्य ही वह दर्शन अपने में सम्पूर्ण रहा होगा। यदि ऐसा था तो उन्हें सारनाथ में चार आदमियों के सम्मुख अपना सन्देश देने की क्यों ज़रूरत महसूस हुई? क्या कहीं उनकी आत्मोपलब्धि सम्पूर्ण होने पर भी आत्मशंकित, अप्रमाणित थी? क्या ऐसा नहीं था कि बुद्ध का दर्शन अपने सन्देश में ही सम्पूर्ति पा सकता था?

तपस्या पाया हुआ सत्य जब तक दूसरे के अँधेरे को न छूता, तब तक वह प्रकाश न ग्रहण कर पाता। दूसरे का अँधेरा ही उनके आलोक की कसौटी बन सकता था। संवाद हम दूसरों से करते हैं—दूसरों के लिए नहीं—स्वयं अपने को पहचानने के लिए। इसलिए वह आत्मा की ज़रूरत है। इसीलिए वह स्वार्थ और परमार्थ से ऊपर उठकर जीने की अनिवार्य शर्त और मर्यादा बन जाता है।

इससे यह निष्कर्ष निकल सकता है और यह निष्कर्ष भ्रामक होगा कि संवाद की प्रक्रिया केवल आत्मोपलब्धि या सत्य को प्राप्त करने के बाद ही शुरू हो सकती है। इससे पहले हम दूसरों से कुछ कहें, हमें ख़ुद को पहचानना चाहिए। यह बात ऊपर से देखने पर संगत लगती है, किन्तु असल में भ्रामक है, क्योंकि अपने को पहचानने का संघर्ष ही संवाद को जन्म देता है—अपने विगत अनुभवों से संघर्ष, अपनी दुनिया से संघर्ष। समाधि से पहले बुद्ध का जीवन, जब वह सिद्धार्थ थे, उनकी साधना के लिए उतना ही ज़रूरी था, जितना समाधि के बाद का जीवन, जब वह भगवान बने। उन्होंने ज़रा, बुढ़ापे और मृत्यु को देखा था। दु:ख से उनका साक्षात्कार कुछ वैसा ही आत्ममन्थित करनेवाला अनुभव था, जैसा शायद गांधीजी को पहली बार दक्षिणी अफ्रीका में उपलब्ध हुआ होगा। जब हम दुनिया के सम्पर्क में आते हैं—दैन्य, अत्याचार और उत्पीड़न को देखते हैं—तब उस क्षण पहली बार हमारा अपनी आत्मा से संवाद शुरू होता है। पहली बार यह शंका कचोटती है कि अगर ये लोग दुखी हैं तो कहीं मेरा सुख आत्मछलना तो नहीं है? कितना अजीब है, हमारा पहला संवाद अकेली घड़ियों में अपनी आत्मा से होता है, लेकिन यह संवाद असम्भव होता यदि मेरे और आत्मा के बीच दुनिया की छाँह नहीं गिरती।

अत: किसी भी सार्थक संवाद के लिए हमें अनिवार्यत: तीन सीढ़ियाँ पार करनी पड़ती हैं—दुनिया को पहचानना, उस पहचान से

अपने को जानना, उस 'जानने' को दूसरों में परखना। इन तीनों सोपानों में मनुष्य का कर्म बराबर मौजूद रहता है। यह कर्म मनुष्य को रूप, गठन (form) देता है, जीने की चट्टान पर खुदे हुए अभिलेख सरीखा मनुष्य स्वयं अपने को गढ़ता है। कला इसीलिए संवाद का सबसे समर्थ और सार्थक वाहन बन जाती है, क्योंकि उसमें न केवल वे तीनों सीढ़ियाँ मौजूद हैं जिनका ज़िक्र मैंने ऊपर किया है बल्कि वह उन्हें पार करके एक ऐसी सत्ता में बदल जाती है जो मनुष्य के होने का कारण है; बहते हुए समय की बालू पर उसकी आत्मचेतना के पद-चिह्न—उसकी साक्षी। जब हम किसी गँवई गाँव के कुम्हार द्वारा निर्मित बर्तनों या आदिवासी कलाकार के चित्र देखते हैं तो उसकी समूची दुनिया हमारे सामने प्रकट हो जाती है। मेरे और उसके बीच संवाद का माध्यम न पार्लियामेंट है, न यूनिवर्सिटी की शिक्षा—बल्कि वह बर्तन है, झोंपड़ी के आगे खिंचा हुआ वह रेखाचित्र, अँधेरी रात में नृत्य की लय, जो मुझे उस अज्ञात ग्रामवासी की संस्कृति, प्रकृति और आत्मा से उसका एकालाप, श्रम के भीतर से फूटती हुई उसकी कल्पना और स्वप्न—सबके एक साथ दर्शन करा देती है। दो शब्दों में कहें तो उसकी संस्कृति का रूप स्वयं उसके श्रम की भाषा में निहित है। उस भाषा में मनुष्य का होना ध्वनित होता है। श्रम और सृजन के क्षणों में ही मनुष्य अपना 'फ़ार्म' गढ़ता है। ईश्वर ने मनुष्य को किस 'इमेज' में बनाया था, इसकी झलक स्वयं मनुष्य अपने को 'ईश्वर' बनाकर हमें दे देता है।

अतः अर्थपूर्ण संवाद की पहली शर्त है पहचान। मैं आपको पहचान सकूँ, आप मुझे पहचान सकें, जिसे मॉर्टिन बुबर ने 'मैं और तुम'

का दैवी सम्बन्ध माना था। यह पहचान बौद्धिक ज्ञान के आधुनिक उपकरणों द्वारा नहीं, प्रेम से उत्पन्न होती है। किन्तु प्रेम के आदिस्रोतों को हमारी आधुनिक सभ्यता ने सर्वथा दूषित कर डाला है। हम प्रेम करने योग्य नहीं रह गए हैं, क्योंकि हम अपने से ही अजनबी हो गए हैं। यह अजनबीपन उस 'आत्म-उन्मूलन' का लक्षण है जिसे सिमोन वेल ने 'सेंस ऑफ़ अपरूटेडनेस' कहा था। यह केवल बुद्धिजीवियों की बीमारी नहीं है, बल्कि हमारी समूची संस्कृति का अभिशाप है। गाँव का किसान अपने से उन्मूलित है, यदि जिस धरती पर वह आजीवन काम करता है, उसे अपने जीवन की थाती नहीं मानता। कारख़ाने का मज़दूर अपने से उन्मूलित है, यदि वह अपने जीवन का समूचा श्रम मशीनों को खिलाकर स्वयं अपने भीतर ख़ाली और खोखला हो जाता है। एक नागरिक अपने में उन्मूलित है, यदि राजसत्ता के विराट, पेचीदा संगठन में उसकी आवाज़ नक़्क़ारख़ाने में तूती की आवाज़ से भी कम महत्त्व रखती है। एक बुद्धिजीवी, कलाकार, लेखक अपने में सबसे ज़्यादा उन्मूलित है, यदि वह अपने और सृजन के बीच उन्मूलन की यातना को देखकर भी अनदेखा कर देता है।

मनुष्य का आत्म-उन्मूलन संवाद के रास्ते में आज सबसे बड़ी बाधा है। उसका अतिक्रमण केवल आर्थिक सम्पन्नता से नहीं किया जा सकता, यह तथ्य हमें पहचानना है। एक रूसी या अमेरिकी मज़दूर एक भारतीय मज़दूर से कहीं अधिक सम्पन्न और समृद्ध है, किन्तु इसके कारण क्या वह एक बेहतर मनुष्य, एक विवेकशील मनुष्य, एक संवेदनशील मनुष्य बन पाया है? उलटे उसका अजनबीपन, आत्म-उन्मूलन का बोध, ख़ालीपन और भी अधिक गहरा हुआ है। आर्थिक सम्पन्नता केवल एक साधन है (और वह भी बहुत विश्वसनीय साधन नहीं, क्योंकि धनिक वर्गों की आत्मसम्पन्नता उनके आत्म-उन्मूलन का सबसे बड़ा कारण है)जिसके सहारे मनुष्य अपने को अधिक स्पष्ट रूप से पहचान सके,

अपने आसपास के सौन्दर्य के प्रति कृतज्ञ हो सके, अपने श्रम में अपनी आत्मा की उपलब्धि पा सके। क्या यह दु:ख की बात नहीं है कि पिछले वर्षों में हमारी ट्रेड यूनियनों, किसान सभाओं, मार्क्सवादी पार्टियों ने 'सर्वहारा' की ऐसी काल्पनिक तसवीर गढ़ी है जिसका हमारे देश के श्रमिक वर्गों की निराशाओं, भूख, आकांक्षाओं, उसके भयानक उन्मूलन-बोध और आत्मनिर्वासित अजनबीपन से दूर का भी सम्बन्ध नहीं है। उनके प्रस्तावों में केवल 'आर्थिक उन्नति' की बात दुहराई जाती है, किन्तु यदि आर्थिक उन्नति को उन मूल्यों से अलग कर दिया जाए, जिनमें मनुष्य को मनुष्य होने का बोध होता है, तो इन 'क्रान्तिकारी' प्रस्तावों और चैम्बर ऑफ़ कॉमर्स के आदर्शों में कहाँ भेद रह जाता है?

प्रश्न यही है कि प्रेम की भावना, जिसे हमने संवाद और पहचान की अनिवार्य शर्त माना है, क्या मनुष्य को सिर्फ़ कला और धर्म में ही उपलब्ध हो सकती है, या वह हर मनुष्य का वरदान और सामाजिक व्यवस्था की बुनियादी प्रतिज्ञा भी बन सकती है? यह एक कसौटी है, जिसके आधार पर हमें अपनी सभ्यता, राज्य सत्ता और आर्थिक व्यवस्था को परखना होगा। हमें उन समस्त सिद्धान्तों, नीतियों, व्यवस्थाओं और क्रान्तियों को अस्वीकार करना पड़ेगा, यदि वे मनुष्य की मनुष्य से पहचान को धुँधलाती हैं, उसके आत्म-उन्मूलन के भाव को गहरा करती हैं। दूसरे शब्दों में, हमें मानना होगा कि अधिनायकवादी व्यवस्था मनुष्य की पहचान और सार्थक संवाद के रास्ते में सबसे बड़ी बाधा है, क्योंकि वह उस मार्ग को ही अवरुद्ध कर देती है जिस पर हर अधूरा मनुष्य सम्पूर्ण बनने का स्वप्न देखता है। 'सम्पूर्ण क्रान्ति' के बारे में अलग-अलग अटकलें लगाई जाती हैं, किन्तु हम इस छोटे-से सरल सत्य को भूल जाते हैं कि वही क्रान्ति सम्पूर्ण होती है जिसकी परिकल्पना में सम्पूर्ण मनुष्य होता है। मनुष्य ने अपनी सम्पूर्णता का बिम्ब, जो आज तक कला और धर्म में देखा है, क्या उसे वह ऐसे समाज में उपलब्ध

कर सकता है जहाँ वह स्वप्न में नहीं, अपने दैनिक यथार्थ में सम्पूर्ण हो सके? यह एक बिन्दु है, यहाँ मनुष्य, ईश्वर और कलाकार बराबरी के आधार पर एक-दूसरे से साक्षात्कार करते हैं।

मुझे इसमें रंचमात्र भी सन्देह नहीं कि साक्षात्कार की यह सम्भावना केवल लोकतंत्र में ही फलीभूत हो सकती है, अधिनायकवादी व्यवस्था में नहीं, उसका रूप चाहे कुछ भी हो। अक्सर हम समझते हैं कि लोकतंत्र में मनुष्य के सिर्फ़ अधिकार होते हैं, जबकि अधिनायकवादी व्यवस्था में उसे सिर्फ़ अपने दायित्व ढोने पड़ते हैं। सत्य इसके बिलकुल विपरीत है। अधिनायकवादी व्यवस्था में दायित्व नहीं, डर रहता है, जबकि दायित्व की असली भावना केवल मनुष्य की स्वतंत्रता से उत्प्रेरित होती है। स्वतंत्रता की यह अद्भुत विशेषता है कि वह अपने में कोई मूल्य नहीं, वह मनुष्य की जैविक ज़रूरत है, जो मानवीय मूल्यों को जन्म देती है। न्याय, लोकतंत्र, सौन्दर्य की भावना, प्रेम—ये सब मूल्य हैं, जो केवल मनुष्य में सन्निहित स्वतंत्रता के कारण जीवित होते हैं और उसके न रहने पर मुरझा जाते हैं। अफ्रीका में एक गिलहरी पाई जाती है, जिसकी खाल पर विविध रंगों की अद्भुत छटा चमकती है। उसकी खाल को पाने के लालच में शिकारी गिलहरी को मार देते हैं और तब हताश होकर देखते हैं कि मृत्यु के बाद गिलहरी के सब रंग फीके पड़ जाते हैं, केवल बदरंग सूखी खाल बच जाती है। यदि कोई अधिनायकवादी व्यवस्था मनुष्य की स्वतंत्रता को नष्ट करके सभ्यता के अन्य मूल्यों को जीवित रखने का दावा करती है तो शिकारी की तरह उसका भी मोहभंग होगा। स्वतंत्रता के नष्ट होने पर संस्कृति के अन्य मूल्य उसी तरह दम तोड़ देंगे,

जैसे मृत्यु के बाद गिलहरी के रंग मुरझा जाते हैं। क्योंकि स्वतंत्रता महज़ मनुष्यत्व की शर्त है, मूल्य नहीं। यह ज़रूरी हो जाता है कि हम उसे ऐसा परिवेश दे सकें जहाँ प्रेम, न्याय, सौन्दर्य और लोकतंत्र प्रस्फुटित होने की उचित आबोहवा पा सकें। गिलहरी के रंग सिर्फ़ इसलिए नहीं चमकते कि वह जीवित है, बल्कि इसलिए भी कि जिस चट्टान पर वह लेटी है—धूप, आकाश और पेड़ों की पृष्ठभूमि उसके सौन्दर्य को अद्‌भुत आभा देते हैं। मनुष्य को भी अपनी गरिमा, गौरव और सौन्दर्य अपने विशिष्ट वातावरण, अपनी धरती, अपने आकाश से ही प्राप्त होते हैं, जिसमें हर जाति के अपने अनुभव, संस्कार, आत्मा का रंग, जिसे हम संस्कृति कहते हैं, स्पन्दित होते हैं।

संवाद की यह अनिवार्य शर्त है कि मनुष्य अपने निजी परिवेश में सुरक्षित महसूस कर सके। तभी वह सम्पूर्ण मनुष्य की हैसियत से अपने को सम्पूर्ण सृष्टि के सन्दर्भ में आँक सकेगा। यह तभी सम्भव हो पाएगा जब हम आधुनिकता और प्रगति के उन्माद को छोड़कर छोटी-से-छोटी जाति, समाज, क़बीले और धार्मिक सम्प्रदायों की विशिष्ट प्राणवत्ता समझ पाएँगे, उन्हें जीवित रहने का मौक़ा दे पाएँगे।

न केवल उन्हें जीवित रहने का अवसर देना, जो हैं, बल्कि उन्हें भी, जो कभी थे और अब नहीं हैं। यह हमारा अतीत है, जिसे हम अपनी निजी संस्कृति में जीवित रखते हैं। अपने वर्तमान से हमारा संवाद अधूरा और अर्थहीन होगा, यदि वह हमारे अतीत के प्रति भी प्रासंगिक नहीं हो पाता। हम भविष्य को वही दे सकते हैं जो हमारे पास है और हमारे पास अतीत के बोध के अलावा देने को कुछ भी नहीं है—वे क्रान्तियाँ, जो भविष्य का निर्माण करने की ख़ातिर अपने अतीत को झुठलाती हैं, अपने वर्तमान को भी अवमूल्यित और उन्मूलित कर देती हैं। अतीत को वर्तमान से जोड़नेवाली सबसे सशक्त और जीवन्त कड़ी हमारी भाषा है। क्या यह सत्य नहीं है कि जब तक हमारे देश का

शिक्षित वर्ग अंग्रेज़ी भाषा को छोड़कर अपनी जातीय भाषाओं को नहीं अपनाता, तब तक हम न केवल अपने वर्तमान से कोई संवाद नहीं कर पाएँगे बल्कि अतीत से किसी प्रकार का सृजनात्मक नाता भी नहीं जोड़ पाएँगे? यहाँ मैं अंग्रेज़ी भाषा का विरोध नहीं कर रहा। केवल उस भाषा के पीछे छिपी एक औपनिवेशिक मनोवृत्ति की ओर संकेत कर रहा हूँ, जिसके कारण हमारा बुद्धिजीवी वर्ग एक अरसे से अपनी विरासत और परम्परा से अलग रहा है। यह अलगाव ख़ुद उसकी बौद्धिक कुंठा और आत्मनिर्वासन का एक पहलू बन चुका है।

अक्सर कलाकार या लेखक से यह माँग की जाती है कि वह अपनी कृतियों को जनसाधारण के लिए सुलभ या ग्राह्य बनाए। इस माँग के पीछे यदि उस दूरी या अन्तराल को पाटने की भावना है जो आज के आधुनिक कलाकार और हमारी अर्द्धशिक्षित ग़रीब जनता के बीच आ गई है तो यह भावना महत्त्वपूर्ण है। किन्तु हमारे वामपक्षी आन्दोलन के राजनीतिक कार्यकर्ता इस समस्या का हल अनेक सरलीकृत भ्रामक तरीक़ों से सुलझाना चाहते हैं। कला मनुष्य की एक आत्यन्तिक, महत्त्वपूर्ण भूख है—आत्मा की भूख। क्या हमारी ट्रेड यूनियनों, मार्क्सवादी पार्टियों ने कभी इस भूख की यातना को समझा है? यदि वे इसे थोड़ा भी समझ पाते तो न वे कलाकार के सृजन-कर्म की अवमानना करते, न हमारी जनता के सौन्दर्य-बोध की अवहेलना करते। तब उनकी पहली माँग कलाकार या कवि से न होती कि वह कैसे चित्र बनाए, या कविताएँ लिखे; बल्कि उस वातावरण को बदलने पर आग्रह होता जहाँ हमारे श्रमिक देशवासी अँधेरे बीभत्स कारख़ानों, फैक्टरियों में अपने जीवन का अधिकांश समय बिताते हैं।

पिछले तीस वर्षों में हमने अपने गाँवों को उजाड़ा है, ग़रीब किसानों और शिल्पियों को मजबूर किया है कि वे अपनी धरती, घर-बार, अतीत को छोड़कर शहरों में उन्मूलित और अनाथ जीवन बिताएँ, प्रगति और औद्योगिक विकास के नशे में आदिवासियों की जीवन-प्रणाली को भ्रष्ट किया है। दो शब्दों में कहें तो हमने भारतीय संस्कृति के अब तक जितने सौन्दर्य और कला के विविध स्रोत रहे हैं, उन्हें दूषित ही किया है। तब क्या यह आश्चर्य की बात मानी जाएगी कि ऐसी स्थिति में कलाकार और जनसाधारण के बीच जीवन्त संवाद की सम्भावना सिकुड़ती जाए?

किसी भी समाज में संवाद की स्थिति मनुष्य के पारस्परिक रिश्तों पर निर्भर करती है; जिस अनुपात में इन रिश्तों में अविश्वास और सन्देह की गाँठें जटिल होती जाएँगी, संवाद भी उतना ही उथला, संकीर्ण और कृत्रिम बनता जाएगा। भारत में एक ज़माने से इन रिश्तों की आधारशिला मनुष्य का धार्मिक विश्वास रहा है, जहाँ एक ओर मनुष्य का धर्म उसे सृष्टि और समय में अपनी जगह पहचानने में मदद देता है, दूसरी तरफ़ यह पहचान ही उसे प्रेरणा देती है कि वह दूसरे व्यक्ति के धार्मिक विश्वास के मर्म को जान सके। हर धर्म की दो खिड़कियाँ होती हैं : एक आस्था की तरफ़ खुलती है, दूसरी जिज्ञासा की तरफ़। हम आस्था से जिज्ञासा की ओर अग्रसर होते हैं और जिज्ञासा से आस्था की ओर। यह हमारा दुर्भाग्य ही माना जाएगा कि स्वतंत्र भारत में 'धर्मनिरपेक्षता' के नाम पर हमने आस्था और जिज्ञासा की खिड़कियों पर पर्दे गिरा दिये हैं। मनुष्य का धर्म उसका व्यक्तिगत सरोकार बनकर रह गया है। हमारे सार्वजनिक जीवन में विविध धार्मिक विश्वासों का मुक्त आदान-प्रदान नष्ट हो चुका है। यही कारण है कि यह धर्म अब कुछ वर्गों का निहित स्वार्थ बनकर चोर दरवाज़े से हमारी राजनीति में दख़ल देता है। हमें डर लगता है कि यदि हम खुलकर विभिन्न धार्मिक विश्वासों पर बातचीत करेंगे तो 'साम्प्रदायिकता' के दोषी ठहराए जाएँगे।

क्या एक अच्छा हिन्दू या अच्छा मुसलमान अच्छा भारतीय नहीं बन सकता? गांधीजी ने धर्मनिरपेक्षता के आधार पर नहीं, हर भारतीय की धार्मिक अस्मिता को स्वीकार करके देश में राष्ट्रीय भावना को जाग्रत किया था। हिन्दुत्व के केन्द्र-बिन्दु पर रहकर उन्होंने सब अन्य धर्मों को सम्मान दिया था। मुझे लगता है कि जब तक हम अपने देश में मुक्त रूप से विभिन्न धार्मिक सम्प्रदायों के बीच मुक्त, सौहार्दपूर्ण संवाद के दरवाज़े नहीं खोलेंगे तब तक उनके बीच अविश्वास और भय की दीवार हमेशा खड़ी रहेगी।

कितनी अद्‌भुत बात है, स्वतंत्र भारत में जिन तीन सिद्धान्तों को हमने अपने भविष्य का आदर्श माना था—लोकतंत्र, समाजवाद और धर्मनिरपेक्षता—इन तीनों ने हमें, कहीं-न-कहीं, अपने भीतर निर्वासित किया है। ये शब्द आज भी सच्चे हैं, किन्तु इनके भीतर बहनेवाली प्राणधारा सूख गई है। लोकतंत्र के नाम पर राजसत्ता का घमंड और प्रभुत्व जिस व्यापक पैमाने पर फैला है, उसे देखकर भूतपूर्व अंग्रेज़ शासक ईर्ष्या करते। समाजवाद के नाम पर वामपक्षी दलों ने जिस हद तक क्रान्तिकारी परम्परा को गँदला बनाया है, वह अपने में एक अद्‌भुत घटना है। धर्मनिरपेक्षता सिर्फ़ अल्पसंख्यकों को आतंकित करने का अस्त्र बन गई है, ताकि चुनाव में उनके वोट हासिल किये जा सकें। क्या यह महज़ संयोग था कि इमरजेंसी के दौरान इन्दिरा गांधी और भारतीय कम्यूनिस्ट पार्टी ने इन्हीं तीन सिद्धान्तों की आड़ में भारतीय राजनीति में पहली बार हिंसा, आतंक और अनैतिकता के विषवृक्ष को रोपा था?

हम इन तीन शब्दों को उनकी पुरानी मर्यादा और महिमा से मंडित करें, यह अपने में हमारे बीच सार्थक संवाद की शुरुआत हो सकती है।

मुझे लगता है, समूचे राजनीतिक कोलाहल, शोर और नारों के बीच कहीं हमारी आत्मा के बीच गहरा सन्नाटा है। आज जिनके पास शब्द हैं, उनके पास सत्य नहीं और जिनके पास अपने भीषण, असहनीय अनुभवों का सत्य है, शब्दों पर उनका कोई अधिकार नहीं। एक समय में गांधीजी ने इस सन्नाटे को भेदा था : भारतीय आत्मा की गूँगी व्यथा को वाणी दी थी। सत्य नया नहीं होता; शब्द उसे नये अनुभव में बदलता है। गांधीजी का सत्य ईसा मसीह, बुद्ध या टॉल्स्टॉय के सत्य से भिन्न नहीं था। किन्तु अपने आत्ममन्थन के द्वारा उन्होंने भारतीय सन्दर्भ में उसे एक नई, जीवन्त प्रासंगिकता दी थी। क्या आज हम गांधी के सत्य को अपने देश की तीस साल से चली आती हताशा और पीड़ा में ढालकर नये अनुभव में बदल सकेंगे?

रचनाकार

रेणु : समग्र मानवीय दृष्टि

जब किसी कृति पर विभिन्न प्रकार की विरोधी धारणाएँ व्यक्त की जा चुकी हों—यहाँ तक कि उसकी आड़ लेकर वैयक्तिक स्तर पर अप्रासंगिक वाद-विवाद उठ खड़े हुए हों—तब ऐसी स्थिति में उस कृति पर सहज रूप से कुछ भी कह पाना कठिन हो जाता है। पुस्तक के सम्बन्ध में हमारी मौलिक प्रतिक्रियाओं के साफ़-सुथरे आईने पर बहस की धूल जमा हो जाती है और हम 'आलोचना के मानदंडों' से इतने अधिक संत्रस्त हो जाते हैं कि हमें स्वयं अपनी अनुभूतियों पर अविश्वास होने लगता है। अत: यह आकस्मिक नहीं कि 'परती : परिकथा' पर मेरे अनेक साहित्यिक मित्रों ने समय-समय पर अपनी राय बदली है (या एक ही समय दो परस्पर विरोधी धारणाएँ व्यक्त की हैं!)। यह कहना कठिन है कि ये 'विचार परिवर्तन' हमेशा 'परिकथा' के आत्यन्तिक महत्त्व के आधार पर ही हुए हों। यह उलझाव किसलिए?

ज़ाहिर है, इसका कारण 'परिकथा' की कथावस्तु या शिल्प का उलझाव नहीं है, क्योंकि प्रस्तुत पुस्तक के सम्बन्ध में जो भी मतभेद रहा हो, उस पर दुरूहता या अस्पष्टता का आरोप शायद ही किसी ने लगाया है। वस्तुतः इस उलझाव का कारण 'परिकथा' में न होकर हमारी आज की आलोचना-पद्धति, साहित्य के तथाकथित मानदंडों में सन्निहित है। 'परती : परिकथा' के मूल्यांकन में उसकी प्रशंसा और भर्त्सना करते हुए जो अतिरंजित विशेषण प्रयोग किये गए हैं, उसे देखकर लगता है, मानो उसके गुण-दोषों का तो विश्लेषण कम हुआ है, आलोचकों ने उसे अपने सैद्धान्तिक मानदंडों के अमूर्त चौखटों (abstract categories) में फिट करने का प्रयत्न ही अधिक किया है।

'परती : परिकथा' हिन्दी उपन्यासों की परम्परागत पद्धति से भिन्न है (हालाँकि 'मैला आँचल' के बाद रेणु के कथा-शिल्प में कोई विशेष परिवर्तन नहीं दिखाई देता)। उसके प्रति हमारा दृष्टिकोण भी पुरानी लीकों से हटकर होगा। समूचा उपन्यास पढ़ जाने के बाद लगता है, जैसे हम किसी गाँव का अद्‌भुत विचित्र 'कार्निवल' देख आए हैं। अनेकानेक रंगों, गन्धों, सुरों की हहराती धारा हमारे बीच बहकर आगे बढ़ गई है, अनेक व्यक्तियों की असंगतियों, सुख-दुःख, हास-विलास से हमने अपने को सम्पृक्त किया है; किन्तु ये चेहरे, रंग और सुर अपने में महत्त्वपूर्ण नहीं हैं—महत्त्वपूर्ण है इस 'कार्निवल' की गतिमयता, अविरल प्रवाह की कलकल, हवा में उड़ते रंगों की आभा, एक मायावी लय जो समस्त व्यक्तियों और घटनाओं के बीच गुज़रती हुई हमारे मस्तिष्क और हृदय को आलोड़ित कर देती है।

कहा गया है कि 'परती : परिकथा' में केवल कच्चा माल है। उसमें किसी प्रकार का जीवन-दर्शन नहीं, कोई शृंखलाबद्ध योजना नहीं, उसमें किसी केन्द्रीय सूत्र का सर्वथा अभाव है। सहसा मन में प्रश्न उठता है—क्या ये तत्त्व 'मैला आँचल' में विद्यमान हैं? यदि नहीं, तो क्या हम

यह मान लें (जो हमें मानना चाहिए, यदि हमारी समीक्षा-पद्धति तर्कसंगत है) कि 'मैला आँचल' उपन्यास के स्वीकृत मानदंडों पर खरा नहीं उतरता।

लगता है, अब तक 'मैला आँचल' की केवल भावुकतापूर्ण प्रशंसा की गई है। उसके द्वारा रेणु ने हिन्दी उपन्यास के रचना-विधान और कथा-शिल्प के क्षेत्र में जो परिवर्तन किये हैं, नये मोड़ लिये हैं, उनके आधार पर हमने अपने रूढ़िगत मानदंडों को परिवर्तित या परिमार्जित करना उचित नहीं समझा। यदि ऐसा किया होता, तो रेणु के 'कथा-शिल्प' के सम्बन्ध में जो बहस 'मैला आँचल' पर समाप्त हो जानी चाहिए थी, उसे नये सिरे से 'परती : परिकथा' पर आरम्भ करने की आवश्यकता अनुभव न होती।

औपन्यासिक कला-शिल्प, कथा-संयोजन तथा चरित्र-गठन के प्रति—हर सजग लेखक की तरह—रेणु का अपना विशिष्ट दृष्टिकोण और आग्रह है, जो 'मैला आँचल', 'परती : परिकथा' तथा उनके आगामी उपन्यासों में भी अवश्य मौजूद रहेगा, इस पर आपत्ति करना हर कलाकार के विशिष्ट कलात्मक व्यक्तित्व को ही अस्वीकार करना होगा। पहले उपन्यास की कथावस्तु, पात्रों की मानसिक उथल-पुथल, समस्याएँ तथा संवेदनाएँ दूसरे उपन्यासों में बदल सकती हैं, उनके प्रति लेखक का विशिष्ट कलात्मक आग्रह अथवा शिल्पगत दृष्टिकोण नहीं (जब तक लेखक उसे स्वयं बदलने की आवश्यकता महसूस न करे)। इस दृष्टि से 'परती : परिकथा' को 'मैला आँचल' की पुनरावृत्ति कहना उतना ही निरर्थक जान पड़ता है, जितना यदि हम वर्जीनिया वुल्फ़ के 'टू द लाइट हाउस' को केवल इस आधार पर 'मिसेस डे लोवे' की पुनरावृत्ति कहें कि दोनों उपन्यासों में एक ही प्रकार का कथा-शिल्प दिखाई देता है। क्या यह बात भी समझाकर कहनी होगी कि रेणु ही दोनों उपन्यासों के रचयिता हैं, अतः दूसरे उपन्यास में कम-से-कम उसकी पुनरावृत्ति होना अनिवार्य है?

किन्तु जहाँ एक ओर दोनों उपन्यासों के रूप-विधान और रचना-गठन के बाह्य तत्त्व एक-दूसरे से मिलते-जुलते हैं, वहाँ 'परिकथा' का सामाजिक परिवेश न केवल 'मैला आँचल' से अधिक व्यापक है, बल्कि उसका स्वरूप और आन्तरिक प्रक्रियाएँ भी मूलतः भिन्न दिखाई देती हैं। राष्ट्रीय आन्दोलन का ज्वार उतरने के बाद स्थायित्व के जिस वातावरण में परानपुर का ग्राम्य-जीवन चित्रित किया गया है, उसमें अनेक अन्तर्विरोधी तत्त्व विराजमान हैं, जो विभिन्न वर्गों और राजनीतिक दलों में एक गहरा तनाव-सा उत्पन्न करते हैं। इस तनाव के जो बीज 'मैला आँचल' में राष्ट्रीय आन्दोलन की उच्छल प्राणधारा तले दबे-से रह गए थे, वे 'परिकथा' में अधिक स्पष्ट और विकसित रूप में प्रकट हुए हैं। लैंड-सर्वे, कोसी-प्रोजेक्ट, सर्वोदय इत्यादि आन्दोलन जहाँ इस तनाव को अधिक प्रखर और सुनिश्चित रूप प्रदान करते हैं, वहाँ दूसरी ओर वे एक विशाल 'सीसमोग्राफ़' के रूप में भी प्रयुक्त किये जा सकते हैं, जिसके द्वारा हम परानपुर के सामाजिक धरातल की परतों के भीतर छिपी वैयक्तिक स्वार्थों की टकराहट, राजनीतिक दलों की अवसरवादिता, और उच्च आदर्शों के पीछे दबी क्षुद्र, ओछी लिप्साएँ देख सकते हैं।

किन्तु इस कलह-क्लेश के बावजूद परानपुर में भी पूर्णिमा का चाँद उगता है। लाजमयी और मलारी का गीत-स्वर परती की सफ़ेद बालू पर पंख फड़फड़ाता हुआ उड़ता है। पाँचों कुंडों में पाँच चाँद रात-भर झिलमिलाते हैं, शरद की चाँदनी में पहाड़ से उतरनेवाले पक्षियों की पहली पाँत उतरती है...चाँदनी की यह स्वप्निल संगीतमयता 'परिकथा' में आद्योपान्त छायी रहती है।

इस तनाव और उल्लास के दो कूलों के बीच परानपुर के निवासियों की जीवनधारा अविरल रूप से प्रवहमान है। भवेशनाथ के कैमरे के 'व्यूफाइंडर' से हम परानपुर गाँव का केवल धूसर, वीरान प्रान्तर, बन्ध्या धरती और बालुचरों की अन्तहीन शृंखला देख सकते हैं।

वह सचमुच कैमरे की आँख है। किन्तु परती के आँचल तले पलते जनपद को, गाँवों के लोगों की आत्मा को कैमरे की आँख नहीं देख सकती, कलाकार की अन्तर्दृष्टि ही वहाँ तक पहुँच पाने में समर्थ हो सकती है।

रेणु की यह दृष्टि उपन्यासकार की दृष्टि है जो छोटी-छोटी घटनाओं को अद्‌भुत नाटकीयता प्रदान करती है। इन घटनाओं के माध्यम से रेणु ने ठोस, जीवन्त कथा-पात्रों की सृष्टि की है, और यह उनकी महत्त्वपूर्ण उपलब्धि है। साधारण, रोज़मर्रा की घटनाओं के महीन सूत्रों द्वारा कुछ गम्भीर सत्यों को उद्‌घाटित करना, उनके माध्यम से पात्रों की आकांक्षाओं और असंगतियों को अभिव्यक्त करना सचमुच एक कठिन समस्या है। हमेशा यह ख़तरा बना रहता है कि कहीं लेखक अपनी निरपेक्ष दृष्टि से च्युत होकर एक स्थूल, इतिवृत्तात्मक दृष्टिकोण न अपना ले। यह केवल हवाई ख़तरा नहीं है। पिछले वर्षों में हिन्दी उपन्यास का दुर्भाग्य ही यह रहा है कि लेखक अपने को 'सोशलॉजिस्ट' पहले समझता है—कलाकार बाद में। फिर चाहे उपर्युक्त दृष्टिकोण प्रच्छन्न रूप में मनोवैज्ञानिक अन्तर्द्वंद्वों द्वारा प्रदर्शित हो ('नदी के द्वीप') या सामाजिक विषमताओं के सम्बन्ध में लम्बी सैद्धान्तिक बहसों के रूप में ('बूँद और समुद्र', 'जयवर्धन')। यह एक अजीब 'कॉम्प्लेक्स' है, जिससे न्यूनाधिक मात्रा में हर लेखक पीड़ित दिखाई पड़ता है। यथार्थ के प्रति यह विकृत, विक्टोरियन दृष्टिकोण अधिकांश उपन्यासकारों के कलात्मक व्यक्तित्व को कुंठित-सा कर देता है। बाहरी नियंत्रण (external regimentation) का विरोध किया जा सकता है, क्योंकि हम उसके प्रति सजग हैं, किन्तु यथार्थ के प्रति यह 'सैद्धान्तिक' दृष्टिकोण एक अन्दरूनी विकार (inner regimentation) उत्पन्न करता है, जो स्थूल रूप से दिखाई नहीं देता, इसलिए और भी अधिक घातक है।

इस सन्दर्भ में रेणु से—एक कलाकार की हैसियत से—कोई जीवन-दर्शन प्राप्त करने की माँग करना सर्वथा अनुचित और असंगत जान पड़ता है। हमारी आलोचना-पद्धति की 'ट्रेजेडी' ही यह रही है

कि हम हर कलाकार से एक 'जीवन-दर्शन' की माँग करते हैं। एक उपन्यास (या कोई भी कलाकृति) हमारी अन्तर्दृष्टि की सम्भावनाओं को अधिक व्यापक और संवेदनशील बनाने में समर्थ हो सके—इसी में उसकी सार्थकता निहित है। उस व्यापक दृष्टि के सहारे हम अपना जीवन-दर्शन स्वयं खोज सकें—यह अलग बात है।

'परती : परिकथा' की सबसे बड़ी शक्ति शायद यही है कि सतही तौर से हमें जहाँ बिखराव या विशृंखलता दिखाई देती है, उसके पीछे परानपुर की समस्त विशेषताएँ और असंगतियाँ, हर छोटे-से-छोटे प्राणी का दुःख-सुख, जीते-जागते, लड़ते-झगड़ते जीवित मनुष्यों की गाथा के दर्शन होते हैं। मुंशी जलधारीदास, लुत्तो, मलारी, सामबीत्ती, पीसी जैसे उपेक्षित नगण्य पात्रों के व्यक्तिगत झगड़ों, नैतिक कमज़ोरियों और आह्लाद-उल्लास के बृहत् कैनवस पर रेणु ने ग्राम-जीवन का (एक मिनिएचर के रूप से) जो ठोस, संश्लिष्ट और विविध रंगों से गुम्फित चित्र प्रस्तुत किया है, वह अपने में अद्वितीय है। यहाँ तक कि भिम्मल मामा के अनर्गल प्रलाप द्वारा हम गाँव के जिन मीठे-कड़वे सत्यों को देख पाते हैं, वे कदाचित उन लम्बी, उबा देनेवाली सैद्धान्तिक बहसों से उपलब्ध नहीं कर पाते, जिनका बाहुल्य आज के अनेक हिन्दी उपन्यासों में दिखता है। ये चित्र इतने मांसल और उनकी समस्याएँ इतनी विश्वसनीय हैं कि कभी-कभी यह भ्रम होने लगता है कि वे स्वतः चालित हैं, उनके पीछे कोई 'चालक-शक्ति' ही नहीं है। कलाकृति में यह भ्रम—इल्यूजन—जिसके द्वारा हम 'चालक-शक्ति' को भूलकर अपने को हाड़-मांस के जीवन्त प्राणियों के दुःख-सुख से एकीकृत कर सकें—शायद उसकी सबसे बड़ी सफलता है।

किन्तु इस सफलता के बावजूद क्या रेणु अपने को समस्त आग्रहों से मुक्त रखने में समर्थ हुए हैं? लगता है, जैसे जित्तन की सृष्टि करने में उनकी निरपेक्ष, कलात्मक दृष्टि लड़खड़ा गई है—वह उनके उपन्यास की सबसे निर्बल कड़ी है। उपन्यासकार का प्राथमिक उद्देश्य जीवन्त,

स्पन्दनशील पात्रों की सृष्टि करना है और उसमें रेणु को अत्यधिक सफलता प्राप्त हुई है, किन्तु यह उसका केवल 'प्राथमिक उद्देश्य' है, सम्पूर्ण उपलब्धि नहीं (यह बात दूसरी है कि हिन्दी के अनेक प्रमुख उपन्यासकार इस 'प्राथमिक उद्देश्य' को प्राप्त करने में भी सफल नहीं होते)। किन्तु एक महान लेखक इससे आगे जाता है—यथार्थ के प्रति एक गहन संवेदना तथा निर्वैयक्तिक और निरपेक्ष दृष्टिकोण की प्राप्ति के लिए अपने पूर्वग्रहों से जूझता है; आत्मसंघर्ष के इस ऊँचे स्तर पर ही वह सही अर्थों में स्रष्टा बन पाता है—कला की यही सम्पूर्ण उपलब्धि है।

जित्तन को रेणु की सहानुभूति प्राप्त हुई है, कलाकार ने उसके द्वारा अपनी संवेदनाओं को अभिव्यक्त करने का प्रयास किया है—यह अपने में बिलकुल उचित है। कथाकृति के किसी एक केन्द्रीय पात्र की समस्याओं और संवेदनाओं के द्वारा हर लेखक अपनी समस्याओं को चित्रित करने में स्वतंत्र है—टॉल्स्टॉय के 'पियेर' और 'लेविन' इसके जीते-जागते सफल उदाहरण हैं। किन्तु इसके लिए कलाकार को अनिवार्य रूप से दो शर्तें पूरी करनी चाहिए। पहली—यह कि वह पूरी निर्ममता तथा तटस्थता से अपने इस 'केन्द्रीय पात्र' की निर्बलताओं, अन्तर्द्वंद्वों तथा मानसिक उलझनों को चित्रित करे—उसके केवल एक या दो पहलुओं को उजागर करने में ही अपनी सार्थकता न समझ ले। दूसरे—अन्य प्राणियों के प्रति वह उतना ही संवेदनशील रह सके जितना वह अपने प्रिय पात्र के प्रति है।

कहना न होगा कि जित्तन के चरित्र-गठन में बहुत बड़ी सीमा तक रेणु इन दोनों शर्तों को पूरा करने में असमर्थ रहे हैं। लुत्तो से लेकर मक़बूल तक जितने भी प्रतिस्पर्धी पात्र हमारे सामने आते हैं, वे जीवन्त और स्पन्दनशील प्राणी होने के बावजूद जित्तन बाबू की तुलना में विकलांग, निकृष्ट और विकृत दिखाई देते हैं। जित्तन का जितना गहरा लगाव 'ट्रैक्टर' से है, उतना ही शायद वह परानपुर की धरती से दूर है।

उसमें अभिजात वर्ग का सन्तुलन है, जो लुत्तन जैसे निम्नवर्गीय स्वार्थपरक व्यक्तियों में लुप्त हो चुका है, किन्तु यह सन्तुलन आत्ममन्थन, मानसिक अन्तर्द्वंद्वों अथवा सत्य-असत्य के नैतिक प्रश्नों के अनिश्चय से उत्पन्न हुए हृत्-आलोड़न का परिणाम नहीं है। वह तो जित्तन के चरित्र का 'एरिस्टोक्रेटिक ट्रेट' है, जिसके आधार पर रेणु ने उसे धूल में सने लड़ते-झगड़ते प्राणियों के 'असन्तुलन' से उत्कृष्ट सिद्ध करने का प्रयास किया है।

रेणु ने जित्तन के इर्द-गिर्द जो स्वप्नजाल बुना है, उसके भीतर ताजमनी और इरावती जैसी नारियों को गहन संवेदना के स्थान पर मिली है रेणु की कोरी भावुकतापूर्ण सहानुभूति, जिसके परिणामस्वरूप वे शरत् बाबू के नारी पात्रों की पीली छायाएँ-सी दिखाई देती हैं। जित्तन के इस स्वप्नजाल पर मिसेज रोडवुड की डायरी के पन्ने भी टँगे हैं जो उपन्यास के उत्तरार्द्ध को अत्यन्त भावुकतापूर्ण, निर्बल और अविश्वसनीय बना देते हैं।

किन्तु इन कमियों और दोषों के बावजूद रेणु ने 'परती : परिकथा' में समाज के बदलते सन्दर्भ में व्यक्तियों की उत्तरोत्तर अधिक संश्लिष्ट होनेवाली मानसिक प्रक्रियाओं और नैतिक दबावों का जो चित्रण किया है, सामाजिक-राजनीतिक आन्दोलनों के सूत्रों में मनुष्य की जिन आकांक्षाओं और दुर्बलताओं को पिरोया है, वह अपने में सराहनीय है।

'परती : परिकथा' का 'बिखराव' रेणु के कथा-शिल्प का एक विशिष्ट प्रयोग है, जो उन्होंने ग्राम्य जीवन के वैविध्यपूर्ण, सर्वांगीण और परिवर्तनशील मानवीय सम्बन्धों को अभिव्यक्त करने के लिए अपनाया है—यही कारण है कि उपन्यास का हर पात्र, चाहे थोड़े समय के लिए ही हमारे सम्मुख आए, हमारे मानस-पटल पर अपने व्यक्तित्व की अमिट छाप छोड़ जाता है। 'कार्निवल' के कोलाहल में हम उनकी आवाज़ों को, लोगों की भीड़ में उनके चेहरों को आसानी से पहचान सकते हैं।

हम उनके क्रियाकलापों को अन्य व्यक्तियों और घटनाओं के सन्दर्भ में आसानी से परख सकते हैं। उनके जीवन के सूत्र हवा में ही नहीं लटकते रहते—परानपुर की धरती के इतिहास से उनके जीवन का वैषम्य, सुख-दु:ख और संवेदनाएँ अन्तरंग रूप से जुड़ी दिखाई देती हैं। उनके भीतर 'टाइप' की समग्रता दिखती है, तो व्यक्तित्व का अलगाव भी मिलता है। अत: यह 'बिखराव' केवल एक शिल्पगत प्रयोग है। यदि वह उपन्यास में विश्रृंखलता या अराजकता न लाकर मानवीय सम्बन्धों को अधिक गहन और स्पष्ट रूप में अभिव्यक्त करने में समर्थ होता है तो उसकी उपयोगिता असन्दिग्ध है। यह बात दूसरी है कि हम उपन्यास के क्षेत्र में एक ही प्रकार के 'यथार्थवादी' कथा-शिल्प को आदर्श मान बैठें और उसके प्रति हमारा आग्रह इतना प्रबल हो कि उपन्यास के रचना-विधान की अन्य समस्त पद्धतियाँ हमें निरर्थक और लक्ष्यहीन दिखने लगें।

'परती : परिकथा' में बिखराव है—मातीस के किसी चित्र के रंगों का-सा बिखराव! सतही तौर पर देखने से कैनवस पर इधर-उधर बिखरे रंग के धब्बों के अतिरिक्त कुछ भी दिखाई नहीं देता। लगता है कि जैसे इन धब्बों और टूटी-फूटी रेखाओं के पीछे कोई भी चालक मस्तिष्क नहीं है, सब कुछ बेडौल और अनगढ़-सा दिखता है। किन्तु ज़रा ध्यान से देखें तो इन्हीं रंग-बिरंगे धब्बों और अनगढ़ रेखाओं के बीच एक अद्भुत 'सिम्फनी' की संगीतमय धारा उमगती दिखाई देती है। यह 'सिम्फनी' और कुछ नहीं, परती की ही धूल-धूसरित, स्नेहसिक्त गाथा है, जो जीवन की गतिमयता के संगीत से स्पन्दित परानपुर के धूसर, वीरान, अन्तहीन प्रान्तर में दिन-रात बहती है। (1958)

मुझे याद है। यह एक लम्बा जुलूस था, जो इमरजेंसी से कुछ महीने पहले दिल्ली में निकाला गया था। जयप्रकाश जी सबसे आगे थे। हज़ारों लोग उनके पीछे उमड़े आ रहे थे। देश के कोने-कोने से लोग जुलूस में शामिल होने आए थे। मैं चलते-चलते अपनी पाँत भूल बैठा और अजनबियों के एक जत्थे में चला आया। साथ चलनेवाले सज्जन से पूछा कि वह कहाँ से आए हैं? 'बिहार से', उन्होंने कहा और तब तुरन्त बिना कुछ सोचे हुए मैं उनसे पूछ बैठा, 'रेणुजी भी आए हैं?' उन्होंने गद्‌गद दृष्टि से मुझे देखा : 'नहीं, वह बीमार हैं, आ नहीं सके। आप उन्हें जानते हैं?'

मैं चुपचाप उनके साथ चलने लगा। आप उन्हें जानते हैं? यह प्रश्न बहुत देर तक मेरे भीतर गूँजता रहा। मैं उनसे केवल दो-तीन बार मिला था, पर आज भी मैं आँखें मूँदकर उनका चेहरा हूबहू याद कर सकता हूँ—उनके लम्बे झूलते बाल, एक संक्षिप्त-सी मुस्कराहट, जो सहज और अभिजात सौजन्य में भीगी रहती थी। कुछ लोगों में एक राजसी, 'एरिस्टोक्रेटिक' गरिमा होती है, जिसका ऊँचे या नीचे वर्ग से सम्बन्ध नहीं होता—वह सीधे संस्कारों से सम्बन्ध रखती है। रेणुजी में यह अभिजात भाव एक 'ग्रेस' की तरह व्याप्त रहता था। किन्तु जिस चीज़ ने सबसे अधिक मुझे अपनी तरफ़ खींचा, वह उनका उच्छल हल्कापन था। वह छोटे-छोटे वाक्यों में संन्यासियों की तरह बोलते थे और फिर शरमाकर हँसने लगते थे। उनका 'हल्कापन' कुछ वैसा ही था जिसके बारे में चेख़ॅव ने एक बार कहा था :

> कुछ लोग जीवन में बहुत भोगते-सहते हैं—ऐसे आदमी ऊपर से बहुत हल्के और हँसमुख दिखाई देते हैं। वे अपनी पीड़ा दूसरों पर नहीं थोपते, क्योंकि उनकी शालीनता उन्हें अपनी पीड़ा का प्रदर्शन करने से रोकती है।

रेणु ऐसे ही 'शालीन' व्यक्ति थे। पता नहीं, ज़मीन की कौन-सी गहराई से उनका हल्कापन ऊपर आता था, यातना की कितनी परतों को फोड़कर उनकी मुस्कराहट में बिखर जाता था—यह जानने का मौक़ा कभी नहीं मिल सका।

वह अब नहीं हैं, मेरे लिए अब भी एक अख़बारी अफ़वाह है, जिस पर मैं विश्वास नहीं कर पाता। उनकी मृत्यु अभी तक मेरे लिए सत्य नहीं बनी है। मुझे हैरानी होती है कि उनकी बार-बार की बीमारी की ख़बर मुझे इस भयानक ख़बर के लिए तैयार नहीं कर पाई। हम कुछ मित्रों की बीमारी के इतने अभ्यस्त हो जाते हैं, जैसे उनकी कुछ जानी-पहचानी आदतों के—मृत्यु के साथ उनका सम्बन्ध बिठाना असम्भव और असहनीय जान पड़ता है। मुझे अपना दुःख भी असम्भव जान पड़ता है। जिस व्यक्ति को केवल दो-तीन बार देखा था, उसके न रहने से मुझे अपनी लिखने की दुनिया इतनी सूनी और सुनसान जान पड़ने लगेगी, मैंने कभी ऐसा नहीं सोचा था।

अब सोचता हूँ, तो समझ में आता है, हमारी चीज़ों को चाहे बहुत लोग पढ़ें, किन्तु हम लिखते बहुत कम लोगों के लिए हैं। मैं जिन लोगों को ध्यान में रखकर लिखता था, उनमें रेणु सबसे प्रमुख थे। मैं हमेशा सोचता था—पता नहीं, मेरी यह कहानी, यह लेख, यह उपन्यास पढ़कर वह क्या सोचेंगे। यह ख़याल ही मुझे कुछ छद्म और छिछला, कुछ दिखावटी लिखने से बचा लेता था। कुछ लोग हमेशा हम पर सेंसर का काम करते हैं—सत्ता का सेंसर नहीं, जिसमें भय और धमकी छिपी रहती है—किन्तु एक ऐसा सेंसर जो हमारी आत्मा और 'कॉन्शस', हमारे रचना-कर्म की नैतिकता के साथ जुड़ा होता है। रेणुजी का होना, उनकी उपस्थिति ही एक अंकुश और वरदान थी। जिस तरह कुछ साधु-संतों के पास बैठकर ही असीम कृतज्ञता का अहसास होता है, हम अपने भीतर धुल जाते हैं, स्वच्छ हो जाते हैं,

रेणुजी की मूक उपस्थिति हिन्दी साहित्य में कुछ ऐसी ही पवित्रता का बोध कराती थी।

वह समकालीन हिन्दी साहित्य के संत लेखक थे।

यहाँ मैं संत शब्द का उसके सबसे मौलिक और प्राथमिक अर्थों में इस्तेमाल कर रहा हूँ—एक ऐसा व्यक्ति जो दुनिया की किसी चीज़ को त्याज्य और घृणास्पद नहीं मानता—हर जीवित तत्त्व में पवित्रता और सौन्दर्य और चमत्कार खोज लेता है—इसलिए नहीं कि वह इस धरती पर उगनेवाली कुरूपता, अन्याय, अँधेरे और आँसुओं को नहीं देखता, बल्कि इन सबको समेटनेवाली अबाध प्राणवत्ता को पहचानता है; दलदल को कमल से अलग नहीं करता, दोनों के बीच रहस्यमय और अनिवार्य रिश्ते को पहचानता है। सौन्दर्य का असली मतलब मनोहर चीज़ों का रसास्वादन नहीं, बल्कि गहरे अर्थ में चीज़ों के पारस्परिक, सार्वभौमिक, दैवी रिश्ते को पहचानना होता है—इसलिए उसमें एक असीम साहस और विवेक तथा विनम्रता छिपी रहती है। इस अर्थ में हर संत व्यक्ति अपनी अन्तर्दृष्टि में कवि और हर कवि अपने सृजनात्मक कर्म में संत होता है। रेणुजी का समूचा लेखन इस रिश्ते की पहचान है, इस पहचान की गवाही है और यह गवाही वह सिर्फ़ अपने लेखन में ही नहीं, ज़िन्दगी के नैतिक फ़ैसलों, न्याय और अन्याय, सत्ता और स्वतंत्रता की संघर्षभूमि में भी देते हैं।

रेणुजी की इस पहचान में सौन्दर्य की नैतिकता उतनी ही महत्त्वपूर्ण है जितनी नैतिक अन्तर्दृष्टि की संवेदना। दोनों के भीतर एक रिश्ता है, जिसके एक छोर पर 'मैला आँचल' है, तो दूसरे छोर पर है जयप्रकाश जी की सम्पूर्ण क्रान्ति। दोनों अलग-अलग नहीं हैं—वे एक ही स्वप्न, एक ही लालसा, एक ही 'विज़न' के दो पहलू हैं। एक-दूसरे पर टिके हैं। कलात्मक 'विज़न' और क्रान्ति, दोनों की पवित्रता उनकी समग्र दृष्टि में निहित है, सम्पूर्णता की माँग करती है : एक ऐसी सम्पूर्णता,

जो समझौता नहीं करती, भटकती नहीं, सत्ता के टुकड़ों पर या कोरे सिद्धान्तों की आड़ में अपने को दूषित नहीं करती। वह एक ऐसा मूल्य है जो खुली हवा में साँस लेता है और इसलिए अन्तिम रूप से पवित्र और सुन्दर और स्वतंत्र है।

यह आकस्मिक नहीं था कि 'रेणुजी' की इस समग्र मानवीय दृष्टि को अनेक जनवादी और प्रगतिवादी आलोचक सन्देह की दृष्टि से देखते थे—कैसा है यह अजीब लेखक, जो ग़रीबी की यातना के भीतर भी इतना रस, इतना संगीत, इतना आनन्द छक सकता है! सूखी, परती ज़मीन के उदास मरुस्थल में सुरों, रंगों और गन्धों की रासलीला देख सकता है, सौन्दर्य को बटोर सकता है, आँसुओं को परख सकता है किन्तु उसके भीतर से झाँकती धूल-धूसरित मुस्कान को देखना नहीं भूलता—एक सौन्दर्यवादी की तरह नहीं, जो सुन्दरता को अन्य जीवन्त तत्त्वों से अलग करके उसका रसास्वादन करता है! रेणु एथीस्ट नहीं थे। किन्तु वह हाय-हाय करते, छाती पीटते प्रगतिशील लोगों के आडम्बर से बहुत दूर थे, जो मनुष्य की यातना को उसके समूचे जीवन से अलग करके अपने सिद्धान्तों की लेबोरेट्री में एक रसायन की तरह इस्तेमाल करते हैं। कितनी बड़ी विडम्बना थी कि मार्क्सवादी आलोचक, जिन्हें सबसे पहले रेणुजी के महत्त्व को पहचानना था, अपने थोथे नारों में इतना आत्मलिप्त हो गए कि जनवादिता की दुहाई देते हुए सीधे अपनी नाक के नीचे जीवन्त जनवादी लेखक की अवहेलना करते रहे। किन्तु यहाँ मैं ग़लत हूँ। यह विडम्बना नहीं थी। यह एक ऐसी दृष्टि की भयानक परिणति थी जो एक तरफ़ अपने को प्रगतिशील घोषित करती थी, दूसरी तरफ़ बिहार के जन-आन्दोलन को फ़ासिस्ट और जयप्रकाश जी को देशद्रोही करार दे सकती थी : वह दृष्टि जो शब्दों के साथ इतना सिनिकल ढंग से बलात्कार कर सकती है, यदि वे रेणुजी को प्रतिगामी, सौन्दर्यवादी लेखक प्रमाणित करने की कोशिश करें तो हमें क्षोभ अवश्य हो, आश्चर्य नहीं होना चाहिए।

रेणुजी ने बहुत निकट से मनुष्य की पीड़ा, मजबूरी और ग़रीबी को देखा था, इसलिए वह उसके साथ कोई सैद्धान्तिक खिलवाड़ नहीं कर पाते थे। साहित्य में वह ऐसी उम्र में आए थे जब अनेक लेखक बहुत-सी किताबें लिख चुके होते हैं। वह अपने साथ अनुभवों की पूरी सम्पदा लाए थे। ये अनुभव उनके उपन्यासों में इतने ताज़े और तात्कालिक जान पड़ते हैं कि लगता है कि जैसे उनके पात्रों में मिट्टी के जर्रे चिपके हैं, जिन्हें अभी-अभी उन्होंने धरती से निकालकर अपनी कथाओं में पिरोया है। उन्होंने जिस सूक्ष्म संवेदना और गहरे लगाव से बिहार के एक अंचल पूर्णिया की ज़मीन को कुरेदा था, उसके फैलाव को महीन और मांसल छवियों में ध्वनित किया था, उसके लिए गद्य की भाषा को अप्रत्याशित रूप से काव्यात्मक मुहावरे में ढाला था, वह हिन्दी उपन्यास में अभूतपूर्व घटना थी। अभूतपूर्व इस अर्थ में नहीं कि उनके पूर्व किसी अन्य लेखक ने अपने गाँव या क्षेत्र पर उपन्यास नहीं लिखे थे। अनेक कथाकारों का नाम लिया जा सकता है, जिन्होंने उनसे पहले भी आंचलिक उपन्यास लिखे थे। रेणु का स्थान यदि अपने पूर्ववर्ती और समकालीन आंचलिक कथाकारों से अलग और विशिष्ट है तो वह इसमें है कि आंचलिक उनका सिर्फ़ परिवेश था। उसके भीतर बहती जीवनधारा स्वयं अपने अंचल की सीमाओं का उल्लंघन करती थी। रेणु का महत्त्व उनकी आंचलिकता में नहीं, आंचलिकता के अतिक्रमण में निहित है। बिहार के एक छोटे भूखंड की हथेली पर उन्होंने समूचे पूर्वी भारत के किसान की नियति-रेखा को उजागर किया था। यह रेखा किसान की क़िस्मत और इतिहास के हस्तक्षेप के बीच गुँथी हुई थी, जहाँ गांधीजी का सत्याग्रह आन्दोलन, सोशलिस्ट पार्टी के आदर्श, किसान सभाओं की मीटिंगें अलग-अलग धागों से रेणु का संसार बुनती हैं। सैकड़ों पात्र आते हैं, जाते हैं—उनकी गति, उनका ठहराव, उनकी ऊहापोह और आत्मसंघर्ष एक पूरी 'इमेज' हम पर अंकित कर जाता है।

सिनेमा के पर्दे पर हम जैसे आइंस्टाइन की फ़िल्मों में व्यक्ति और समूह, चलती हुई भीड़ में स्तब्ध चेहरे और उनका गत्यात्मक द्वंद्व, हलचल और तनाव देखते हैं; बिलकुल वैसे पूर्णिया के पर्दे पर उसकी पीठिका में हम भारतीय ग्रामवासी और इतिहास के बीच मुठभेड़ और टकराव की गड़गड़ाहट सुनते हैं। एक ऐसा क्षण आता है जब पात्र और पीठिका में कोई अन्तर नहीं रहता—दोनों एक-दूसरे में इतना गुँथ जाते हैं कि मनुष्य, धरती और इतिहास के बीच सीमाएँ घुल-सी जाती हैं किन्तु आपसी मुठभेड़ से जो बिजली चमकती है, बिहार के अवसन्न, धूल भरे आकाश में जो चिंगारी कौंधती है, रेणु ने कैमरे की आँखों से उसे अपनी जीवन्त फड़फड़ाती तात्कालिकता में पकड़ने की कोशिश की थी।

यह अद्भुत ड्रामा था। शायद ही किसी हिन्दी उपन्यासकार ने उपन्यास की 'नैरेटिव' परम्परा को झिंझोड़कर उसे प्रेमचन्दीय ढाँचे से बाहर निकालकर इतना नाटकीय, इतना लचीला, इतना काव्यात्मक बनाया था जितना रेणु ने और यह नाटकीयता, यह कविता अलंकारमय और कृत्रिम नहीं थी, क्योंकि परम्पराग्रस्त किसान और आधुनिक ऐतिहासिक आन्दोलन के बीच जिस मुठभेड़ को रेणु ने अपना विषय बनाया था, उसमें पहले से ही बारूदी नाटकीयता विद्यमान थी। उसमें सिर्फ़ दियासलाई लगाने की देर थी।

रेणु ने जिस तीली से किसान के उदास, धूल-धूसरित क्षितिज में छिपी नाटकीयता को आलोकित किया था, उसी तीली से हिन्दी के परम्परागत यथार्थवादी उपन्यास के ढाँचे को भी एकाएक ढहा दिया था। मेरे विचार में यह रेणु की अविस्मरणीय देन और उपलब्धि है। 'मैला आँचल' और 'परती : परिकथा' महज़ उत्कृष्ट आंचलिक उपन्यास नहीं हैं, वे भारतीय साहित्य में पहले उपन्यास हैं जिन्होंने अपने ढंग से, झिझकते हुए, बिना कोई लम्बा-चौड़ा दावा करते हुए भारतीय उपन्यास को एक नई दिशा दिखाई थी, जो यथार्थवादी उपन्यास के

ढाँचे से बिलकुल भिन्न थी। उन्होंने उपन्यास की नैरेटिव, कथ्यात्मक परम्परा को तोड़ा था—उसे अलग-अलग 'एपिसोड' में बाँटा था, जिन्हें जोड़नेवाला धागा कथा का सूत्र नहीं, परिवेश का ऐसा लैंडस्केप था जो अपनी आत्यन्तिक लय में उपन्यास को रूप और फ़ार्म देता है। रेणुजी के यहाँ समय में बँधी घटनाएँ नहीं, ऊबड़-खाबड़ ज़िन्दगियों की यह लय, यह स्पन्दन उपन्यास के हिस्सों को एक-दूसरे से जोड़ता है। रेणुजी पहले कथाकार थे जिन्होंने भारतीय उपन्यास की जातीय सम्भावनाओं की तलाश की थी; शायद सजग रूप से नहीं; शिल्प और सिद्धान्त के स्तर पर तो अवश्य ही नहीं; बल्कि एक ऐसे रचनात्मक स्तर पर जहाँ ज़िन्दगी का कच्चा माल स्वयं कलाकार के हाथों अपने प्राण, जो फ़ार्म का दूसरा नाम है, खींच लेता है, ताकि वह एक नये खुले, मुक्त ढाँचे में साँस ले सके। फ़ार्म की असली उपलब्धि इसी प्राणवत्ता में निहित है—बाक़ी सब प्रश्न तकनीकी और शिल्प के हैं; आलोचकों की बहस का विषय ज़रूर हों, कलाकार का उनसे कोई नाता नहीं। आश्चर्य नहीं, आज के तथाकथित प्रयोगवादी उपन्यासकारों की तुलना में रेणु कितने खरे और ताज़ा दिखाई देते हैं।

मैं रेणुजी की मृत्यु को असामयिक नहीं कहूँगा। हर मृत्यु एक तरह से असामयिक होती है, क्योंकि ज़िन्दगी का कारोबार किसी बिन्दु पर पूरा नहीं होता, किन्तु ख़ास इस दौर में—इमरजेंसी की यातना के बाद उनका अचानक हमारे बीच से चला जाना बहुत क्रूर और असहनीय जान पड़ता है। यह उनकी विजय का क्षण था और वह नहीं हैं।

[अप्रैल, 1977]

अज्ञेय : आधुनिक बोध की पीड़ा

अज्ञेय अपनी पीढ़ी के उन कम लेखकों में हैं—शायद अकेले—जिन्होंने साहित्य-सृजन के बाहर स्वयं 'रचनात्मक सृजन' को अपनी चिन्ता और मनन का विषय बनाया है। इस सन्दर्भ में दूसरे लेखक जैनेन्द्र कुमार का नाम भी अनायास याद आता है, जो अपने समय की विडम्बनाओं से उलझते रहे हैं। जैनेन्द्र के चिन्तन का घेरा यदि कुछ अमूर्त है, तो अज्ञेय के घेरे से ज़्यादा व्यापक भी, एक हद तक मूलगामी भी। दोनों की चिन्तन-यात्रा में ऐसे पड़ाव भी आते हैं, जहाँ दोनों एक-दूसरे से मिलते भी हैं; समय, समकालीनता और नैतिकता जैसे प्रश्न दोनों को ही परेशान करते हैं। इसके बावजूद दोनों के बीच एक आधारभूत अन्तर है।

अज्ञेय अधिकांश समय (दुर्भाग्यवश हमेशा नहीं) याद रखते हैं कि वह लेखक हैं—दार्शनिक नहीं। समस्याएँ चाहे एक-सी हों, कवि के चिन्तन के औज़ार, सोचने का ढंग, विचारों को छूने की प्रक्रिया कुछ अलग होती है; यह नहीं कि एक लेखक दार्शनिक नहीं हो सकता,

किन्तु उसका 'दर्शन' हमें उसकी दार्शनिक स्थापनाओं में नहीं खोजना चाहिए। लेखक का दर्शन "सोच के विषयों में नहीं, बल्कि स्वयं सोच की प्रक्रिया और उसके व्यवहार में निहित होता है।" पॉल वैलेरी का यह कथन हमेशा ही अज्ञेय के सोच पर लागू नहीं होता। वह अक्सर दार्शनिक सूक्तियों में फिसल जाते हैं, किन्तु अधिकांश समय वह इस तथ्य के प्रति सचेत रहते हैं कि लेखक का सृजन-संघर्ष विचारों से नहीं, शब्द और भाषा से जुड़ा रहता है। कहते हैं, एक बार चित्रकार देगा ने कवि मलार्मे से कहा :

> 'अजीब है तुम लेखकों का धन्धा! मेरे पास इतने ढेर से विचार हैं, लेकिन मैं लिख नहीं सकता।' मलार्मे ने उत्तर दिया, 'प्यारे देगा, कविता विचारों से नहीं, शब्दों से बनती है।'

कविता के इस सत्य के प्रति अज्ञेय जितना सचेत और जागरूक रहे हैं, शायद उनकी पीढ़ी के अन्य लेखक नहीं और यह बात इसलिए भी उल्लेखनीय लगती है कि स्वयं विचारों से उनका गहरा सम्बन्ध रहा है। यही कारण है, उनकी कविताएँ बौद्धिक न होकर भी 'वैचारिक आलोक' में लिपटी रहती हैं। एक समय में इलियट ने उन्हें बहुत प्रभावित किया था—और यदि मैं ग़लती नहीं करता—तो उन्होंने उनके एक-दो लम्बे निबन्धों का मुक्त अनुवाद भी किया था। एम.एन. राय का राजनीतिक चिन्तन उनकी आरम्भिक प्रेरणाओं में प्रमुख रहा है। गांधीजी ने शायद उन्हें कभी उद्वेलित नहीं किया; वह असली अर्थों में 'नेहरू-युग' के प्रतिनिधि लेखक माने जा सकते हैं—रेडिकल, लेकिन मार्क्सवादी नहीं; लोकतंत्र की मान्यताओं में विश्वास करनेवाले, जिसके भीतर उन्होंने 'वैयक्तिक स्वतंत्रता' को सबसे अधिक महत्त्वपूर्ण माना; अपनी मानसिक संरचना में अज्ञेय बहुत हद तक बंगाल रेनासाँ के बुद्धिजीवियों के उत्तराधिकारी रहे हैं, पश्चिमी भाव-बोध के प्रति एक खुला मोह और आकर्षण,

किन्तु अपनी जातीय परम्परा और भाषा के प्रति गहन स्तर पर संवेदनशील; अपने सरोकारों और मान्यताओं में ज़्यादा अन्वेषणशील नहीं; शायद ही उन्होंने कभी सतर्क रूप से पश्चिमी प्रभावों के सन्दर्भ में अपने जातीय अनुभव का पुन:परीक्षण किया हो—फिर भी अपनी प्रतिक्रियाओं में प्रखर, जीवन्त और स्पन्दनशील। नेहरू-युग की भव्य उदारता और घोर आश्चर्यजनक अमौलिकता, एक आत्मतुष्ट, सन्दिग्ध क़िस्म का सन्तुलन—संवेदनशील किन्तु सीमित 'हार्मनी' के आदर्श से मुग्ध—इसलिए हिन्दुस्तानी अनुभव के उन सब विकारों, विसंगतियों, विडम्बनाओं से विमुख—जो उनके सामंजस्य, सौन्दर्य-बोध को भंग करता हो; आत्मलिप्त और बाहरी उदारता के बावजूद भीतर से कहीं बहुत भीरु, संकीर्ण, उदासीन; नेहरू-युग का उदात्त सौन्दर्य और जड़गत सीमाएँ—दोनों ही अज्ञेय के कर्म और चिन्तन में देखी जा सकती हैं।

इन तीन पुस्तकों[1] में अज्ञेय ने विगत जीवन के फैले चिन्तन-संसार से कुछ अंश, विचारखंड, सूक्तियाँ, यात्राओं के इम्प्रेशंस जमा किये हैं। उन्होंने इस चिन्तन-यात्रा की अवधि, समय, क्रॉनोलॉजी का कोई हवाला नहीं दिया, जो मुझे कुछ अजीब-सी बात लगती है। हमें कुछ पता नहीं चलता, कौन-सी पुस्तक, उपन्यास या कविताएँ लिखते हुए या किन राजनीतिक, सामाजिक घटनाओं के सन्दर्भ में उनके ये विचार या प्रतिक्रियाएँ एक 'शाश्वत अर्थ' के अलावा एक निजी, तात्कालिक दबाव प्रस्तुत करती हैं। इसीलिए इन पुस्तकों में सिर्फ़ एक फैला हुआ चिन्तन-प्रदेश मिलता है, यात्रा का उतार-चढ़ाव नहीं, मील के पत्थर नहीं, जिन पर एक क्षण

1. 'भवन्ती', 'अन्तरा', 'शाश्वती'।

बैठकर हम लेखक के पाँव-चिह्न आँक सकें, कहाँ वह ठिठका था, कौन-सी राह चुनी थी, किस पगडंडी पर कुछ दूर चलकर वापस मुड़ गया था; हमें यह भी पता नहीं चलता, किस ठोकर की आह और दर्द इन पन्नों पर अंकित है। लगता है, जो कुछ है, वह हमेशा से था; जो नहीं है, वह कभी नहीं था। इन पुस्तकों में 'समय का अभाव' अज्ञेय के विचारों को शाश्वतता देता है—अच्छे अर्थों में नहीं—एक लम्बी यात्रा से अर्जित किये शंकालु, अनिश्चित, विकल सत्य नहीं—बल्कि ऐसे साफ़-सुथरे अनुभव-सत्य जो मानो लेखक के पास पहले से ही उपलब्ध थे। विचार-सूत्र और सूक्तियाँ अपना महत्त्व रखती हैं, किन्तु वे 'निर्मित माल' हैं, उनके पीछे अनुभवों की कच्ची धातु और अन्वेषी भटकन से हम प्राय: अपरिचित रह जाते हैं।

यह बात इसलिए भी अखरती है क्योंकि स्वयं अज्ञेय ने इन पुस्तकों को अपनी सृजन-यात्रा का 'लॉग बुक' माना है जिसके आधार पर "यात्रा के पद-चिह्न, अनुकूल और प्रतिकूल स्थितियों तथा धाराओं, जोखिम, भटकन, प्रत्युत्पन्न सूझ का ब्योरा मिलता है।" क्या ऐसा है? अज्ञेय की एक लम्बी, विविध, संघर्षपूर्ण ज़िन्दगी रही है—पार्टीशन से पहले का लाहौर, जो एक समय कलात्मक गतिविधियों का केन्द्र था, आतंकवादी आन्दोलन, कारावास, युद्ध के दौरान बर्मा के मोर्चे पर सैनिक अनुभव, बीहड़ यात्राएँ—शायद ही किसी हिन्दी लेखक का अनुभव-संसार—'लॉग बुक' की सामग्री—इतनी विराट और समृद्ध रही हो, जितनी इन पुस्तकों के लेखक की—किन्तु स्वयं इन पुस्तकों में इनकी कोई झलक, कोई ब्योरा, 'अनुकूल-प्रतिकूल स्थितियों' का तनिक भी लेखा-जोखा नहीं मिल पाता। तीनों पुस्तकों में स्थानों, घटनाओं और व्यक्तियों का असाधारण शून्य और अभाव है। लेखक हमें जिस 'सागर पथ' को देखने का निमंत्रण देता है, वहाँ समुद्र की लहरें, ज्वार-भाटा, आँधी-तूफ़ान का परिदृश्य नहीं मिलता—सिर्फ़ अज्ञेय की 'अन्त:प्रक्रियाएँ' देखने को मिलती हैं—

अपने में अन्तर्दृष्टिपूर्ण, मर्मज्ञ, मूल्यवान—लेकिन उनका 'लॉग बुक' के मैले, फटे पानी के धब्बों से भरे पन्नों से दूर का रिश्ता नहीं—जिन्हें उठती हुई लहरों और हिलती हुई लालटेन के बीच दर्ज किया जाता है।

इससे इन पुस्तकों का महत्त्व कम नहीं हो जाता—सिर्फ़ लेखक के निजी दावों से जो आशा बँधती है, वह पूरी नहीं होती। एक अफ़सोस-सा होता है कि हम एक ऐसे दुर्लभ मौक़े से चूक गए, जहाँ हम एक लेखक की दुनिया को अन्तरंग भाव से देख पाते, जिसके बीच स्वयं लेखक की प्रतिक्रियाएँ एक जीवन्त सन्दर्भ ग्रहण कर पातीं। ज़रूरी नहीं, लेखक अपनी डायरी या जर्नल लिखे—स्वयं अज्ञेय इन्हें डायरी नहीं मानना चाहेंगे—किन्तु यदि इन्हें महज़ विचार-सूत्रों के संकलन से कुछ अधिक होना था, तो ज़रूरी था, वांछनीय भी, कि हम लेखक के बौद्धिक आग्रहों के पीछे उन व्यक्तिगत अनुभवों की पीठिका भी जान पाते, जिनके रहते ही कोई विचार सूत्र, और अन्तर्दृष्टि, अमूर्त चौखटे से उठकर एक निजी, विशिष्ट क़िस्म की गरमाई और स्पन्दनशीलता ग्रहण कर पाती है।

यह नहीं, ऐसा बिलकुल नहीं है। जब कभी अज्ञेय अपनी बुद्धि से उतरकर आँख पर आते हैं, तो एक अद्भुत, मांसल, सेंसुअल लगाव का लैंडस्केप आलोकित हो उठता है। शायद ही किसी आधुनिक लेखक ने 'चर-अचर' की दुनिया को इतने उत्सुक भाव से देखा हो, जितना अज्ञेय ने। कैमरे की आँख की तरह उनकी दृष्टि हर लय, थिरकन और ठहराव को पूरी डिटेल के साथ रजिस्टर कर सकती है :

> पेड़ के झरते पत्ते से अधिक सुन्दर किसी चीज़ की कल्पना नहीं कर पा रहा हूँ। वह धीरे-धीरे, लय के साथ डोलते हुए झरना—मानो धरती के गुरुत्वाकर्षण से मुक्त होकर, भारमुक्त होकर तिरना...कोई भी लययुक्त गति—फुलचुही का पंख फड़फड़ाते हुए क्षण-भर को अधर में अटक जाना;

अच्छी तैराकी, घुड़दौड़ की सरपट, अबाबील की लहराती या
बाज़-सी सीधी उड़ान; हिरण की छलाँग जो अपने शिखर पर
एक साथ ही निश्चेष्ट और निरायास अग्रसर हो जाती है...।

यह महज़ एक लिरिकल उच्छ्वास नहीं है; यह एक ऐसी मर्मज्ञ आधुनिक दृष्टि है जिसके पीछे 'खोने की पीड़ा' भी छिपी है, यह तीखा बोध कि जिस युग और दुनिया में हम रह रहे हैं, उसमें लय का यह नैसर्गिक स्पन्दन, इस स्पन्दन को देखनेवाली दृष्टि धीरे-धीरे धुँधलाती जा रही है। यहीं ख़ास इस बिन्दु पर 'आधुनिक मशीनी संस्कृति' के प्रति एक बुद्धिजीवी की वितृष्णा और पीड़ा सार्थकता प्राप्त करती है। अज्ञेय का प्रकृति-बोध इस दृष्टि से छायावादी बोध से बहुत अलग है—वह पहाड़ों को देखकर मुग्ध होते हैं, तो नीचे जंगलों में पेड़ों के कटने का आर्तनाद भी सुनते हैं; बल्कि यूँ कहें, यह 'कटने' का बोध उन्हें प्रकृति के लगाव में 'एंगुइश', एक गहरी दरार अंकित कर जाता है। उनकी कविताएँ अपने प्रतिद्वंद्वी रूपकों के बीच एक तरह से 'क्रॉस रेफ़रेंस' बन जाती हैं—सचेत अन्तर्मुखी आधुनिकता और प्राकृतिक सौन्दर्य के बीच। मेरे विचार में समकालीन भारतीय लेखन की 'आधुनिकता' की यह सबसे प्रामाणिक कसौटी है कि परम्परा से विलगित हो जाने के बावजूद—स्वयं आधुनिक उपकरणों पर वह कितनी गहरी चोट कर सकता है, स्वयं चोट खाकर कैसे अपनी प्रतिक्रिया प्रकट कर सकता है।

अज्ञेय चोट खाकर परम्परा की तरफ़ नहीं मुड़ते, न किसी भविष्यवादी दर्शन की ओर; वह अपनी तरफ़ मुड़ते हैं, जहाँ वह स्वतंत्र रूप से

अपनी परम्परा से जुड़ सकते हैं, अपने भविष्य को चुन सकते हैं। आलोचकों ने जिसे अज्ञेय का 'अहं' माना है, वह वास्तव में लेखक का कवच है—सिर्फ़ अपने को सुरक्षित रखने का यंत्र नहीं, बल्कि उन मूल्यों को बचाने का साधन भी, जो नष्ट हो रहे हैं, जिन्हें जानबूझकर प्रगति, आधुनिकता और युग-धर्म के नाम पर नष्ट किया जा रहा है।

किन्तु चुनाव का संघर्ष, परम्परा और आधुनिक-बोध के बीच एक हिन्दुस्तानी लेखक की सृजन-कामना, अपनी निजी स्वतंत्रता के बीच भारतीय परिवेश के अन्तर्द्वंद्वों से जूझने की छटपटाहट—वे सब तत्त्व जो एक भारतीय लेखक को एक विशिष्ट आयाम देते हैं, अज्ञेय में अन्ततः अपने 'मैं' के इर्द-गिर्द चक्कर खाकर ख़त्म हो जाते हैं। हमें आश्चर्य होता है कि अपनी परम्परा से सम्पन्न होने पर भी—और उसके बावजूद—अज्ञेय ने कभी आलोचनात्मक, क्रिटिकल दृष्टि से उस 'आधुनिकता' की जाँच-पड़ताल नहीं की, जो पिछले तीस वर्षों से एक लेखक के लिए बोझ, दबाव और चुनौती की तरह प्रस्तुत होती रही है, न ही दूसरी तरफ़ स्वयं आधुनिक दृष्टि से उन्होंने अपनी जातीय परम्परा का मुखर विवेचन और परीक्षण ज़रूरी समझा, जो वह पश्चिमी संस्कृति के अपने ज्ञान और अनुभव के कारण कर सकते थे। वह उन बहुत कम हिन्दी लेखकों में हैं, जो एक साथ अपनी परम्परा के प्रति संवेदनशील और पश्चिमी साहित्य के प्रति सजग रहे हैं। यह बात इसलिए भी अखरती है कि स्वयं अज्ञेय के समकालीन बुद्धिजीवियों ने—मैक्सिको में पाज, अल्जीरिया में फेनन (यदि हम तथाकथित 'तीसरी दुनिया' के लेखकों तक अपने को सीमित रखें) ने इन्हीं समस्याओं के सन्दर्भ में अपने 'मैं', अपनी जातीय अस्मिता, स्वयं अपने साहित्य-कर्म को परिभाषित करना चाहा था। हिन्दुस्तान में यह काम सिर्फ़ राजनीति में हुआ—गांधी और उसके बाद लोहिया के कर्म-चिन्तन में—साहित्य इससे बिलकुल अछूता और सूना पड़ा रहा। इन प्रश्नों के अभाव में ही अज्ञेय और प्रगतिवादियों

के बीच बहस—व्यक्ति-स्वातंत्र्य और समूहवाद के बीच सैद्धान्तिक द्वंद्व—आज इतना सरलीकृत, अमूर्त और अप्रासंगिक जान पड़ता है। इस बहस में अज्ञेय के विचारों से सहमत होते हुए भी बार-बार एक अजीब असन्तोष का अनुभव होता है, मानो हम दुराग्रहों, सिद्धान्तों और अहं की कुहेलिका में फँसकर भारत के केन्द्रीय सांस्कृतिक संकट की समस्याओं से कतरा रहे हों—समस्याएँ जो न सिर्फ़ 'व्यक्ति स्वातंत्र्य' में सिकोड़ी जा सकती हैं, न समाजवाद के जादुई मंत्र और फ़ॉर्मूले से सुलझाई जा सकती हैं।

और तब मुझे अपने असन्तोष का कारण मालूम होता है—अज्ञेय अधिकांश समय 'मैं' से उठकर 'अन्य' की ओर जाते हैं, अन्य से मुड़कर 'मैं' की ओर। 'मैं' हमेशा सुसंस्कृत, सतर्क और शालीन है, 'अन्य' हमेशा उच्छाड़, ग़लत और हास्यास्पद। इस 'लड़ाई' में अज्ञेय हमेशा जीत जाते हैं, बिना यह जाने कि जिस 'अन्य' का' उन्होंने निर्माण किया है, वह उनके 'मैं' का ही अँधेरा पक्ष है। इस आदर्श 'मैं' और क्षुद्र 'अन्य' के बीच की धरती पर उनकी निगाह कम ही पड़ती है, और जब पड़ती भी है, तो भी वह इस धरती की धूल-गर्द, इतिहास की लौहवत् पदचाप, सृजन-कर्म का आधुनिक संकट, ख़ास हिन्दुस्तानी बुद्धिजीवी की यातनामय विडम्बनाओं से अपना आँचल बचाए रखते हैं। न तो उनका 'मैं' इतना आत्म-आलोचनात्मक है, अपने को तार-तार कर देनेवाला निर्मम, निष्पक्ष 'मैं' जिसके क्षत-विक्षत कवच के पीछे हम उनकी अन्तरात्मा देख पाएँ, जिसके हर स्पन्दन में 'बाहर' की धमनी धड़कती है, न उनका 'अन्य' ऐसा है, जो इतिहास के कुरुक्षेत्र में, ख़ास अपने समय के धुआँधार नैतिक द्वंद्वों के बीच एक तात्कालिक विश्वसनीयता, एक कसौटी, एक प्रामाणिक परिप्रेक्ष्य बन सके। वात्स्यायन जी की हर बात महत्त्वपूर्ण है—चाहे वह भाषा के बारे में हो या आज की राजनीतिक संस्कृति के सम्बन्ध में, किन्तु जिस बौद्धिक कोण से वह बात उठाते हैं,

उसमें किसी तरह का मानवीय लगाव, कोई नैतिक परेशानी, कोई तीखा, तात्कालिक 'स्टेक' नहीं मिलता; और तब मुझे लगता है कि जिस तरह पेंटिंग और कविता में केवल रंग या शब्द अपने में कोई महत्त्व नहीं रखता, जब तक वह अपनी उचित, सही 'स्पेस' से नहीं बोलता, उसी तरह किसी लेखक की वाणी तब तक सत्य की खनक नहीं प्राप्त करती, जब तक लेखक स्वयं एक ऐसी स्पेस, एक ऐसी जगह नहीं चुनता, जहाँ से उसके शब्द, उसकी दृष्टि, उसके आग्रह, शाश्वत की सांसारिकता और संसार का अकेलापन एक साथ ही अपने युग के चेहरे पर अंकित नहीं कर जाते।

अकेलापन! सम्भव है, अज्ञेय ने अपने 'मैं' के इस अकेलेपन में ही अपनी 'स्पेस' को खोजना चाहा है। यह अकेलापन ओढ़ा हुआ नहीं है, दिखावटी नहीं है। इसका एक छोर यदि अज्ञेय की आत्मसुरक्षा से जुड़ा है, तो दूसरा छोर हिन्दी साहित्य के उस भयावह वातावरण से बँधा है—जिसमें अज्ञेय ने अपने सर्वश्रेष्ठ वर्ष गुज़ारे हैं। शायद ही किसी लेखक ने अपने ऊपर इतने मूढ़, वैमनस्यपूर्ण, कर्कश प्रहार झेले हों, जितना अज्ञेय ने। एक समय था, जब उन्हें फ्रायड और लॉरेंस का 'नकलची' अनुयायी बताया गया—'मनोवैज्ञानिक ग्रंथियों का शिकार', (ख़ास कर उन मार्क्सवादी आलोचकों ने, जिन्होंने न फ्रायड पढ़ा था, न लॉरेंस और शायद मार्क्स भी नहीं), फिर 'शीतयुद्ध' के दिनों में वह 'अमेरिकी एजेंट' घोषित किये गए, बाद के वर्षों में उन्हें 'गिराने' के लिए समीक्षकों ने बेचारे मुक्तिबोध को अस्त्र बनाया—वही मुक्तिबोध, जो अपने जीवनकाल में इतने अधिक उपेक्षित बने रहे।

जब किसी साहित्य में सार्थक, जीवन्त और संयत समीक्षा-पद्धति मुरझाने लगती है, तो उसके साथ अनिवार्यतः एक परजीवी वर्ग, एक साहित्यिक माफ़िया पनपने लगता है—एक तरफ़ विश्वविद्यालयों के साहित्यकार समीक्षक, दूसरी तरफ़ 'मेरे हमदम, मेरे दोस्त' जैसे अक्खड़, अखाड़ेबाज़ आन्दोलनकर्ता, तीसरी तरफ़ साप्ताहिक दैनिकों में नौकरी करनेवाले लेखक-पत्रकार। इन लोगों का साहित्य और संस्कृति के मूल्यों से सरोकार नहीं, किन्तु पिछले वर्षों में इनके हाथों में एक छद्म क़िस्म की ताक़त जमा होती गई है। एक तरह से भारतीय राजनीति की निर्मूल और मूल्यहीन सत्तावादिता जीवन के हर क्षेत्र को दूषित कर गई है; यह आश्चर्य की बात होती, यदि साहित्य इससे अछूता रह जाता। "समकालीन हिन्दी साहित्यकार संस्कृति से अपने को जोड़कर राजनीति में इस अनैतिक, अनधिकार हस्तक्षेप को रोक सकता था। इसके विपरीत हुआ यह कि स्वयं साहित्य संस्कृति से कटकर राजनीति के सत्तामत्त मतवादी दबाव के आगे घुटने टेकने लगा।"

ऐसी दम घोंटनेवाली स्थिति में साहित्यकार का अकेलापन पलायन नहीं, स्वयं इस स्थिति का विरोध, एक निजी प्रोटेस्ट, एक चुनौती भरा अस्वीकार हो सकता है, होना चाहिए, ऐसा मैं मानता हूँ। अज्ञेय के अकेलेपन को हम केवल हिन्दी के इस वाचाल, अर्थहीन, मरुस्थली सन्दर्भ में ही आँक सकते हैं। हिन्दी के अधिकांश पत्रकार समीक्षकों की मुखरता के पीछे जो विवेकहीन, अर्थहीन शब्दों का घटाटोप है, उसे स्वयं लेखक कवि के अलगाव में सिमटा हुआ 'शब्द' तोड़ सकता है। साहित्य में सृजनात्मक बोध और कलात्मक संवेदना को बचाना, स्वयं साहित्य को बचाने की एक नैतिक चुनौती बन गया है। अज्ञेय एक लेखक के नाते इस चुनौती को स्वीकार करते हैं। इन पुस्तकों की एक बड़ी सार्थकता शब्द की उस गरिमा में निहित है, जो भीतर के मौन और मनन से फूटकर अपनी विशिष्ट, निजी खोज को रेखांकित करती है।

मुश्किल तब आती है, जब अज्ञेय स्वयं अपने इस 'अकेलेपन' के प्रति ज़रूरत से ज़्यादा सजग हो जाते हैं, उसे एक विवशता न मानकर आभूषण समझने लगते हैं, मानो वह दुनिया को दिखाकर बार-बार यह कहना चाहते हों—'देखो, मैं तुमसे कितना अलग-थलग रह सकता हूँ।' इससे संकोच और खीज, दोनों ही होती है। यह नहीं कि अज्ञेय के अकेलेपन की सच्चाई पर सन्देह होता है, वह सिर्फ़ थोड़ा-सा अवमूल्यित हो जाता है। अवमूल्यित सिर्फ़ इसलिए नहीं होता कि लेखक स्वयं उसे दर्शाता है—बल्कि एक गहरे मूल बुनियादी अर्थ में भी—जब हम पाते हैं कि अज्ञेय ने अपने इस अकेलेपन की पवित्रता को अक्षुण्ण रखने के लिए किसी भी सरकारी पुरस्कार, ओहदे, बड़ी अख़बारी नौकरी को अस्वीकार नहीं किया। राजमार्ग ने उन्हें न चुना हो, स्वयं उन्होंने राजमार्ग पर चलने में—जब कभी उन्हें ऐसा अवसर मिला हो—कोई अनिच्छा या नैतिक आपत्ति दिखाई हो, ऐसा उनके जीवन-कर्म में देखने को नहीं मिलता—कहीं ऐसा नहीं दिखता कि अकेलेपन ने उन्हें दुनिया के प्रलोभनों से अलग—स्वयं अपने लेखन में ही सन्तुष्ट होना सिखाया हो। वह दूसरों की यशलिप्सा की खिल्ली उड़ा सकते हैं (देखिए, भारती जी के पद्मश्री मिलने पर उनका व्यंग्यात्मक मुक्तक) स्वयं अपनी महत्त्वाकांक्षाओं के खोखलेपन पर नहीं हँस सकते। वर्जीनिया वुल्फ़ ने एक समय किसी सरकारी सम्मान को अस्वीकार करते हुए अपनी डायरी में लिखा था :

> मैं सिर्फ़ अकेले में रहना चाहती हूँ...जिस दिन सम्मानों की तरफ़ भागूँगी, लिखना बन्द कर दूँगी।

ये शब्द अज्ञेय के लिए—उनके समूचे अकेलेपन के बावजूद—कितने पराये जान पड़ते हैं! वह मानो स्वयं अपने स्वच्छ एकान्त के आगे—कुछ छोटे-से पड़ जाते हैं।

"मैं अकेलापन चुनता नहीं, स्वीकार करता हूँ," अज्ञेय ने लिखा है : यह स्वतंत्र स्वीकृति ही उन्हें आत्मकेन्द्रित होने से बचा लेती है। अज्ञेय अहंसम्मोहित भले ही हों, आत्मकेन्द्रित नहीं हैं, जिस अर्थ में प्रगतिवादियों ने उन पर आरोप लगाया है। मुझे यह आरोप हमेशा ग़लत और अर्थहीन जान पड़ता है। अज्ञेय में दूसरों तक पहुँचने की गहरी ललक, सम्प्रेषणीयता में अदम्य विश्वास है, जो उनकी कविताओं में एक अजीब तरह की चमकीली ऋजुता, एक तरह की सहज उच्छलता, गहन विचारों के बावजूद एक आत्मविश्वासी हल्कापन ले आता है। वह दुरूह हो सकते हैं, अस्पष्ट नहीं और दुरूहता भी कभी श्रमसाध्य नहीं होती। "लेखक होने के नाते दूसरे तक पहुँचना—उसके भीतर पैठकर उसे अपने भीतर पैठने देना—पैठाना—मैंने अनिवार्य माना है।" आज के प्रचारवादी युग में जहाँ सम्प्रेषणीयता की क़ीमत शब्दों को अवमूल्यित करके चुकानी पड़ती है, वहाँ अज्ञेय अपनी भावनाओं को अक्षुण्ण रखते हुए भी—एलीट मनोवृत्ति और 'सामान्य आदमी' के वल्गर सरलीकरण से ऊपर उठकर कलात्मक सम्प्रेषणीयता की चुनौती का सामना कर सके, यह उनकी साहसपूर्ण उपलब्धि है। उनके भीतर एक अद्‌भुत आत्मसंयम है—जो उनके रोमांटिक भाव-बोध को भी एक सीमा बाद विगलित नहीं होने देता, बिखरने नहीं देता। यह क्लासिक क़िस्म का सौष्ठव उनके रोमांटिक रुझानों को—स्वयं 'रोमांटिक' शब्द को एक नया संस्कार देता है। आधुनिकता और यथार्थवादिता की धारा में बहते हुए जहाँ आलोचकों ने 'रोमांटिक' शब्द को ही विकृत और कला से बहिष्कृत करना चाहा है, वहाँ अज्ञेय ने उसे रोमानी प्रवृत्ति से अलग करके एक ऐसे अनुभव के साथ जोड़ा है, जो छायावादी परम्परा को एक नया सन्दर्भ और आयाम देता है।

किन्तु अज्ञेय का रोमांटिसिज़्म शमशेर और मुक्तिबोध से बहुत भिन्न है। उनका 'मैं' शमशेर का कवि नहीं, जो दुनिया में अपने 'होने' की प्रसव-पीड़ा भोगता है, ख़ुद उसमें लय होना चाहता है ताकि अपने खुरदरे,

बेलौस अस्तित्व के लिए कोई लय, कोई रंग, कोई राग हासिल कर सके। न अज्ञेय की दुनिया मुक्तिबोध की दुनिया की तरह इतनी भयावह, भीमकाय और घुमावदार है, जो स्वयं कवि के 'मैं' पर चोट करती है, नाख़ूनों से खरोंचती है, लहूलुहान करती है। अज्ञेय निरीह नहीं हैं, वलनरेबल नहीं हैं, वह अपने को, अपनी कविता को बचाने की कला जानते हैं। उनकी कोई कविता कभी इतनी अटपटी नहीं होती, जितनी मुक्तिबोध की कुछ कविताएँ हो जाती हैं, किन्तु वह अपनी दुनिया को छोड़कर उस 'अँधेरे में' भी नहीं जाते जहाँ कविता एक अद्‌भुत मिथक-शक्ति प्राप्त कर लेती है, जहाँ कविता का जोखिम ही कविता के सत्य को नापने का यंत्र बन जाता है। अज्ञेय में यदि अपनी दुनिया को झेलने की शक्ति है, तो इसलिए कि वह अपनी दुनिया को रचने की कला जानते हैं, एक ऐसा कवच और कुशन, जिस पर प्रहार पड़ते हैं तो खाल थरथराती अवश्य है, अपने को घायल नहीं होने देती। स्वयं अज्ञेय के शब्दों में :

> मैं अपनी दुनिया में रहने का आदी हूँ; और गहरे में कहीं
> जानता और मानता आया हूँ कि वह दुनिया मैं ही बनाता हूँ,
> मैंने ही बनाई है, मैं ही गिराऊँगा।

और यह लिखने के बाद उन्हें तुरन्त बोध होता है कि उन्होंने स्वयं अपने 'अहं' की सबसे सही परिभाषा दे दी है, इससे उन्हें अपनी दुनिया की परिहार्यता या अपने 'मैं' की सीमाओं पर क्लेश नहीं होता, सिर्फ़ इसलिए होता है कि दूसरे लोग इसे क्या कहेंगे; तुरन्त इन वाक्यों के बाद वह लिखते हैं :

> इसीलिए लोग अहंवादी या अयथार्थवादी कहते हैं, तो क्लेश
> भले ही हो, आश्चर्य नहीं होता।

यह अज्ञेय के रोमांटिसिज़्म की घोर सीमा है, जहाँ वह मुड़कर अपनी दुनिया पर आलोचनात्मक दृष्टि नहीं डाल पाते, ख़ुद उसमें

प्रश्न-चिह्न नहीं लगाते। कौन-सा ऐसा लेखक है, जो अपनी दुनिया ख़ुद नहीं बनाता और मिटाता? किन्तु बनाने की प्रक्रिया में जो मोह-माया जागती है, मिटने पर उसकी यंत्रणा कितनी विध्वंसकारी हो सकती है! ख़ुद अपने को इस विध्वंस के बीच देख पाना—हर महत्त्वपूर्ण लेखक इस यात्रा से गुज़रता है और ठीक इसी बिन्दु पर लेखक का 'आधुनिक बोध' पुराने रोमांटिक कवि से अलग हो जाता है, जो अपनी दुनिया को आदर्श और उदात्त बनाकर ही कटु यथार्थ का अतिक्रमण कर सकता था। आधुनिकता की यह मजबूर, अभिशप्त आत्मचेतना ही है जिसके परिणामस्वरूप लेखक केवल अपनी दुनिया को ही नहीं मिटाता, स्वयं अपने 'मैं' को भी मिटाना चाहता है, जो एक सुर्ख़, ज्वरग्रस्त आँख-सा उसके और दुनिया के बीच चमकता रहता है और जब वह उसे सम्पूर्णतया मिटा देता है, तभी वह आधुनिक बोध के आत्मघाती पाप और ज्वर से भी छुटकारा पा लेता है। पूरी तरह से 'अन्धा' होने पर ही वह सम्पूर्ण रूप से देख सकता है। क्या अज्ञेय इस आत्मसंहारी अर्थ में 'आधुनिक' हो पाए हैं?

यह नहीं कि अज्ञेय अहं के आलोक-मंडित दायरे से बाहर नहीं देखते—समाज की शायद ही कोई जीवन्त समस्या हो—राजनीति का दूषण, भाषा और शब्द की मर्यादा, काल का रहस्य, आधुनिक संस्कृति के अन्तर्द्वंद्व—अनेक विषयों पर उन्होंने अपनी पैनी, मर्मभेदी दृष्टि डाली है। इसके बावजूद उनकी इन पुस्तकों को पढ़ते हुए बराबर खीज की किरकिरी चुभती है। क्या है इस खीज का कारण? क्या अज्ञेय, अन्ततः सब कुछ कहने के बाद उस हद पर आकर रुक जाते हैं, जहाँ कलाकार का चिन्तन शुरू होता है—केवल समस्याओं पर विचार-सूक्तियाँ नहीं—बल्कि आत्मावलोकन, जो स्वयं अपनी सृजन-गुत्थियों को सुलझाते हुए 'पुराने समाधानों' को अपने अनुभवों की चुभन और चमक दे जाता है? अज्ञेय को मालूम है कि समाज और संस्कृति का संकट स्वयं व्यक्ति

के बीच मौजूद है। उन्होंने उन 'समूहवादी' समस्त छलावों और भुलावों को भेदा है, जहाँ व्यक्ति के पतन में स्वयं मनुष्य तिरस्कृत हुआ है; इसलिए शिकायत यह नहीं है कि वह 'व्यक्तिवादी' हैं—बल्कि यह कि वह इस निर्मम हद तक व्यक्तिवादी नहीं हो पाते, जहाँ स्वयं कलाकार का व्यक्तित्व आत्मविश्लेषण की वस्तु बन जाता है—निरीह, कातर, हास्यास्पद, लहूलुहान, चिन्तक का विषय नहीं, बल्कि स्वयं जीने का कच्चा माल, आत्मसुरक्षित सलवटों में सिमटा नहीं, तार-तार उधड़ा हुआ, विडम्बनाओं की धूल-कीचड़ में सना हुआ; गर्वीला, मदमाता दीप नहीं, ख़ुद आग में झुलसा हुआ कलाकार का 'मैं' जो "समय का अतिक्रमण नहीं करता, बल्कि समय का निम्नतम ग़ुलाम है, एक बदहवास-सा कुत्ता, जो ज़िन्दगी-भर विभिन्न गन्धों की टोह में भटकता रहता है, 'सौन्दर्यवादी लेकिन सौन्दर्य के तीर द्वारा बिंधा हुआ शिकार भी...एक ऐसा प्राणी, जो एक ही समय में दूसरों के विरुद्ध और अपने ख़िलाफ़ हो सकता है।' तड़पता हुआ, नाराज़, विक्षुब्ध, किन्तु अपने अन्तर्विरोधों के प्रति हर क्षण सचेत। कलाकार से यह माँग करना बहुत क्रूर चीज़ है, वह उतनी ही क्रूर और बुनियादी माँग है जितनी—मृत्यु।" (एलियास कैनेटी—'कॉन्शस ऑफ़ वर्ड्स')

क्रूर लेकिन मृत्यु की तरह ही अनिवार्य जिसके बिना लेखक सब कुछ हो सकता है—विचारक, चिन्तक, समाज-सुधारक—लेकिन कलाकार नहीं। मुझे यदि असन्तोष होता है तो इसलिए कि अज्ञेय अपने से यह माँग नहीं करते, शायद उसे ज़रूरी भी नहीं समझते, उनकी इन पुस्तकों में 'अर्जित किये हुए सत्य' अवश्य मिलते हैं, स्वयं सत्य को तलाशने की अन्तर्पीड़ा, पिपासा, सन्देह, मन को घुलाती हुई मैल, मैल जो भीतर के सूरज को बार-बार अपने झूठों से छिपा लेती है, इन झूठों का कातर सत्य, उस सत्य को मथनेवाला क्रूर, आत्मवेधी विश्लेषण नहीं मिल पाता। इस विश्लेषण के अभाव में उनकी अपनी पीड़ा भी

एक निजी थाती, एक भोग की वस्तु बनकर रह जाती है। जिस यातना और अकेलेपन की चर्चा अज्ञेय इतनी करते हैं, वह आगे बढ़कर हमें साझा करने में उत्प्रेरित नहीं करती, आत्मा की टीस बनकर टिपटिपाती नहीं, झकझोरती नहीं, सिर्फ़ अज्ञेय की अर्जित, मूल्यवान, प्रेशस अनुभूति बनकर रह जाती है; प्रेशस अनुभवों का संचय, जो सच लगते हैं, सच हैं भी, लेकिन अपनी सच्चाई हमारे भीतर भोंकते नहीं; हम उनकी बौद्धिक तर्कपूर्ण साफ़-सुथरी अवधारणाओं को देखते ज़रूर हैं, सहमत भी होते हैं—प्रसन्न होते हैं कि हिन्दी साहित्य में ऐसे सोच-विचार कम मिल पाते हैं—लेकिन वहाँ रुकते नहीं, मुँह मोड़ लेते हैं, उनकी तरफ़ फिर-फिरकर नहीं लौटते। आँखों से ओझल होते ही वे मुरझाने लगते हैं—अपने पीछे ज़रा-सी चुभन, एक दरार, कोई कृतज्ञताबोध नहीं छोड़ जाते।

और यह दुर्भाग्य है—क्योंकि हमारे युग में—ख़ास कर हिन्दी के चिन्तन-साहित्य में—अज्ञेय का लेखन महत्त्वपूर्ण है, नारों और अति सरलीकृत फ़ॉर्मूलों के घटाटोप वातावरण में वह बहुत कुछ देते हैं, जो एक बार फिर हमारा विश्वास मनुष्य के विवेक और शब्द की गरिमा में प्रतिष्ठित करता है। यदि आज हम उसकी अवहेलना करते हैं, उसे अप्रासंगिक मानकर आगे बढ़ जाते हैं, तो यह न केवल अज्ञेय की सीमाओं पर क्रूर टिप्पणी है, बल्कि उस अभागी मनःस्थिति पर भी, जिसमें आज हम जीते हैं।

मुक्तिबोध की गद्यकथा

सड़क एक अद्भुत जगह है—वह एक जगह ठहरी है, किन्तु वह चलती भी है। हम उस पर कुछ बना नहीं सकते, पर वह बनी हुई चीज़ों—मकान, झोंपड़ों, चाय-घर—की ओर ले जाने की आशा बँधाती है। हिन्दुस्तान के छोटे शहरों और क़स्बों में—जिन्हें मोटर ट्रकों के ट्रैफ़िक ने निगल नहीं लिया है—अब भी पाँच-दस मिनट ठहरकर बातचीत की जा सकती है और अगर हम संयोगवश अकेले हों तो एक क्षण अँधेरे में खड़े होकर मकानों की धुँधुआती रोशनियों को देखते हुए सोच सकते हैं—पता नहीं, इन खिड़कियों के पीछे कौन लोग रहते होंगे, कैसी ज़िन्दगी बिताते होंगे?

संयोग की बात है, यह प्रश्न एक बार वर्जीनिया वुल्फ़ ने पूछा था, लन्दन की सड़कों पर भटकते हुए। वह अपने वर्ग के सीमित घेरे से ऊपर उठकर—या नीचे उतरकर—साधारण लोगों की खिड़कियों में झाँककर जानना चाहती थी—व्हाट इज़ लाइफ़? एक दूसरे देश के लेखक ने अपने शहर के अँधेरे में खड़े होकर एक अलग प्रश्न पूछा था :

"सब ओर सघन आत्मीय नीला एकान्त फैला है और उसके अँधेरे-नीले नील में टूटे-फूटे आँगन में खिली हुई रातरानी महक रही है और मैं उस अहाते में जो पीली धुंध-भरी खिड़की है—उसमें से मैं—मैं जो सड़क पर हूँ—झाँककर देखना चाहता हूँ कि बात क्या है?" ('विपात्र', पृ. 101)

यह मुक्तिबोध हैं—अंग्रेज़ लेखिका के प्रश्न (ज़िन्दगी क्या है) के उत्तर में मानो उनका उत्तर खिड़की की दूसरी तरफ़ से एक दूसरा प्रश्न बनकर अँधेरे में गूँज जाता है—आख़िर बात क्या है?

मुक्तिबोध के समूचे गद्य में यह प्रश्न तीर की तरह बिंधा है जिसका ज़ख़्म अपने भीतर दबाए वह ज़िन्दगी-भर अपने शहर की अँधेरी सड़क पर चलते रहे। वह बहुत लम्बी सड़क थी जो हिन्दुस्तानी क़स्बों की तार-तार दरिद्रताओं, यातनाओं और आत्मग्लानियों के बीच गुज़रकर जाती थी। क़स्बे—जिनमें न आधुनिक महानगर का चमकीला आभिजात्य है, न गाँवों का मटमैला धीरज—बल्कि जहाँ सिर्फ़ दम तोड़ती बेचैनी है, जिसमें निम्न-मध्यवर्ग के प्राणी वैन गॉग के बन्दियों की तरह अन्तहीन चक्कर लगाते रहते हैं। अनेक हिन्दी लेखकों ने छोटे शहरों की ऊब, निरर्थकता और हताशा के बारे में लिखा है, किन्तु मुक्तिबोध अकेले लेखक थे जिन्होंने एक क़स्बाती भारतीय के आध्यात्मिक संकट को उसकी समस्त कमज़ोरियों, आत्मभ्रान्तियों और बीहड़ दु:स्वप्नों के बीच पकड़ा था—जो सिर्फ़ बाहरी यथार्थ की कहानी नहीं थी, बल्कि स्वयं उनकी आत्मा का निजी दस्तावेज़ था। यह एक कारण है कि हम उनकी कहानियों, निबन्धों और डायरी के बीच कोई विभाजन-रेखा नहीं खींच सकते—उनका गद्य सब परम्परागत विधाओं को भेदता हुआ एक पैना, पीड़ित सोच बन जाता है।

मुक्तिबोध का सोच अपने बारे में उतना ही है, जितना दुनिया के बारे में, अत: उनकी कहानियों में दर्शन और अनुभव के बीच खड़ी दीवार भी ढह जाती है। यह नहीं कि वह अनुभव के बाद चिन्तन करते हैं—

बल्कि व्यक्ति और अनुभव के बीच चिन्तन एक तरह की सीवन है, कहानी का अन्दरूनी अस्तर, जो बाहरी अनुभव को भीतर की दुनिया से जोड़ता है। यदि वह आत्मपरक शैली का गद्य है, तो इसलिए कि वह मध्यवर्ग की ज़ुबान है। ज़ुबान एक ऐसी चीज़ है जो शरीर का अंग है, किन्तु उसका फंक्शन एकदम अन्दरूनी है—दिल से। मुक्तिबोध के गद्य में उनका सोच एक तरह का बोलना है—बोलता हुआ सोच—दिल और दुनिया के बीच एक अन्तहीन वार्तालाप जिसमें मध्यवर्गीय ज़िन्दगी की गाँठें एक के बाद एक खुलती जाती हैं। अन्य कहानीकारों में पात्र और घटनाओं के बीच टकराहट से कथानक का जन्म होता है—मुक्तिबोध ज़िन्दगी के कथानक के बीच सोच की घटना को जन्म देते हैं, जिसके पात्र और भोक्ता वह स्वयं हैं।

शायद इसलिए उन्हें वर्जीनिया वुल्फ़ की यह जिज्ञासा कुछ अजीब-सी लगती कि ज़िन्दगी क्या है? मुक्तिबोध ज़िन्दगी से ऐसे घिरे थे, जैसे छोटे हिन्दुस्तानी शहरों में आदमी धूल और गर्द से घिरा होता है। एक छोटे आदमी पर ज़िन्दगी का बोझ कितना असह्य और भयानक हो सकता है, इसे मुक्तिबोध ने जितनी वेदना से महसूस किया था शायद किसी दूसरे लेखक ने नहीं। इसलिए उन्हें आलोचकों की यह शिकायत सारहीन जान पड़ती थी कि हमारे साहित्य में जीवन के तत्त्व बहुत कम हैं। समस्या इससे बिलकुल उलटी है। उनकी डायरी का एक पात्र कहता है :

> आज की ख़ास दिक़्क़त यह नहीं है कि साहित्य में जीवन के तत्त्व कम हैं, वरन् यह है कि जीवन में बहुत अधिक हैं। वह जीवन जो जिया या भोगा जाता है, उसमें इतने अधिक तत्त्व हैं—सुबह से लेकर शाम तक मन पर उन तत्त्वों का इतना अधिक संवेदनात्मक प्रहार होता रहता है कि...कि मन जानबूझकर अपने शून्य का निर्माण कर लेता है...ईश्वर ने

> या समय ने उसे इतना कम अवकाश दिया है कि अनेक कलात्मक नमूनों में उनकी पुनर्रचना नहीं हो पाती। वे तत्त्व मर नहीं जाते, अंडरग्राउंड चले जाते हैं।

इसलिए मुक्तिबोध का प्रश्न 'ज़िन्दगी' के बारे में न होकर उस असली 'बात', उस छिपे सत्य को लेकर था जो कहीं अनुभवों के 'अंडरग्राउंड' में दबा रहता है—एक ऐसी लौ, जिसे तथ्यों और तत्त्वों की घटाटोप कुहेलिका के बीच जीने और भोगने की हड़बड़ी में हम आँखों से ओझल कर देते हैं। वह उस आत्ममोह से वंचित हैं, जो एक प्रगतिशील लेखक को प्राप्त हैं, जिसे अपने दर्शन पर कभी शंका नहीं होती, किन्तु वह उस शंका से भी वंचित हैं, जिसे आधुनिक लेखक एक दर्शन बनाकर सुरक्षित रह सकता है। वह व्यक्ति जो मध्यवर्ग की अनिश्चितताओं के बीच घिरा रहता है, उसे एक ठोस धुरी की कामना रहती है, जो सुख और आत्मसन्तोष से परे एक निश्चित सत्य की तलाश है—जहाँ हम चीज़ों के बीच रहकर भी उनकी छलना से मुक्त रह सकें। उनके उपन्यास 'विपात्र' का अन्तिम वाक्य अंग्रेज़ी में है : "आई वांट टु बी इन द मिडल ऑफ़ थिंग्स, यस, टु बी इन द मिडल ऑफ़ थिंग्स।" (मैं चीज़ों के बीच में रहना चाहता हूँ, ठीक उनके बीच में।)

मुक्तिबोध की यह मर्मान्तक आकांक्षा—चीज़ों के बीच रहने की तड़प—हमें कुछ अजब लग सकती है। वह व्यक्ति जो अनुभवों की मार से जीवन-भर पीड़ित रहा, कौन-सा सत्य चीज़ों से प्राप्त करना चाहता था, जो स्वयं उसे अपने अनुभवों से नहीं मिल सकता था? मुझे लगता है, मुक्तिबोध कहीं बहुत गहरे में महज़ 'अनुभव' के प्रति सशंकित थे—आधुनिक अमेरिकी लेखकों की 'अनुभव पूजा' (cult of experiences) उन्हें आश्चर्य में डाल देती। सत्य हमेशा अनुभव से उपलब्ध होता है, किन्तु हर अनुभव सत्य की ओर नहीं जाता—

कलात्मक सत्य की कसौटी अनुभव की प्रामाणिकता नहीं हो सकती, जब तक हमारे पास स्वयं अनुभव की सच्चाई को मापने की प्रामाणिक कसौटी न हो। और वह कसौटी कहाँ है? चीज़ों में, क्योंकि चीज़ों का सन्दर्भ वह दुनिया है जो अनुभवों को काटती-छाँटती है, झूठे छिलकों को तराशकर भीतर के ठोस सत्य को निकालती है। मुक्तिबोध इस बात का कोई उत्तर नहीं देते कि हमारे अनुभव में क्या मूल्यवान है, क्या अर्थहीन—क्या यह विवेक ज्ञान भी अनुभव में निहित नहीं है? जब उन पर प्रश्न का दबाव पड़ता है तो वह एक बहुत ही धुँधली और अस्पष्ट चीज़—लेखक की 'विश्व-दृष्टि' में सहारा ढूँढ़ते हैं। डायरी में वह एक जगह कहते हैं :

> विश्व-दृष्टि के अभाव में हम अपने ही अनुभवों के ठीक-ठाक महत्त्व को नहीं आँक सकते, इसलिए केवल कुछ विशिष्ट अनुभवों या अनुभवाभासों को तरजीह देकर अन्य महत्त्वपूर्ण अनुभवों का गला घोंट देते हैं।

किन्तु अन्यत्र अपनी ही बात का खंडन करते हुए वह यह भी कहते हैं कि महानगर के छद्म अनुभवों के पीछे भागने की अपेक्षा लेखक को अपने वर्ग के अनुभवों को ही चित्रित करना चाहिए—जो सच्चे अर्थ में प्रामाणिक हैं। किन्तु अपने वर्ग के अनुभवों में विश्व-दृष्टि आ पाएगी, इसकी क्या गारंटी है?

मुक्तिबोध यदि कभी 'कलात्मक सत्य' की कसौटी विश्व-दृष्टि में ढूँढ़ते हैं और कभी अपने वर्ग के अनुभवों में तो इसका कारण यह है कि वह स्वयं लेखक के निजी वैयक्तिक अनुभवों के सत्य में कभी विश्वास नहीं कर पाए। वह व्यक्ति की आत्मकेन्द्रित सत्ता को सन्देह की दृष्टि से देखते थे। व्यक्ति उनकी नज़रों में झूठी इकाई है—जो इकाई अपने में झूठ है, क्या उसका अनुभव किसी सच्चाई का वाहक हो सकता है?

अपनी अकेली सत्ता में व्यक्ति सिर्फ़ भ्रूणावस्था में जी सकता है। भ्रूणावस्था और बाँझपन में एक अद्‌भुत समानता है—दोनों ही सृजनशीलता से शून्य हैं। भ्रूण व्यक्ति के अनुभव अनिवार्यत: बाँझ अनुभव होंगे—अपने में कदाचित् बहुत मार्मिक, बहुत इंटेंस, बहुत विशिष्ट, किन्तु वास्तव में पंगु और एकांगी, क्योंकि उनका जीवन के मूल केन्द्रीय सत्य से कोई सम्बन्ध नहीं होगा। यदि व्यक्ति सिर्फ़ अपने 'मैं' से मोहित है तो इस 'मैं' से जनमे अनुभव प्रेतात्माओं से अधिक कोई ठोस, पार्थिव सत्ता नहीं रखते। मुक्तिबोध स्वयं घोर अन्तर्मुखी व्यक्ति थे, इसलिए अपने इर्द-गिर्द भटकती, ख़ुद अपने से फूटी प्रेतात्माओं के अभिशप्त प्रदेश से छुटकारा पाने के लिए सबसे ज़्यादा तड़पते थे। वह चीज़ों की ठोस प्रकाशमान दुनिया में आना चाहते थे, लेकिन सिर्फ़ प्रकाश ही काफ़ी नहीं है—उसके भीतर का सत्य यदि ग़ायब है, तो प्रकाश सूना है, इसलिए वह साहित्य पर भी पूरा भरोसा नहीं करते थे। एक जगह वह लिखते हैं :

> साहित्य में प्रकाश ही प्रकाश है। किन्तु हमें प्रकाश में सत्यों को ढूँढ़ना है। हम केवल साहित्यिक दुनिया में ही नहीं, वास्तविक जीवन में रहते हैं। इस जगत् में रहते हैं। साहित्य पर आवश्यकता से अधिक भरोसा रखना मूर्खता है। ('डायरी', पृ. 70)

मुझे उनके अन्तिम वाक्य पर भरोसा नहीं होता। यदि किसी लेखक के लिए साहित्य ही सब कुछ था तो वह स्वयं मुक्तिबोध थे—फिर क्या सत्य को साहित्य के बाहर ढूँढ़ा जा सका है? यह मुक्तिबोध का सबसे गहरा—और शायद कभी न हल होनेवाला—अन्तर्द्वंद्व था कि एक तरफ़ वह मनुष्य की कल्पनाशक्ति में अदम्य आस्था रखते थे, दूसरी तरफ़ इसी कल्पनाशक्ति से सृजित कलाकृति की स्वायत्त सत्ता, स्वयं कलात्मक अनुभव के सत्य को स्वीकार नहीं कर पाते थे। उसे स्वीकार करने का मतलब होता, मनुष्य के स्वतंत्र आत्मसम्पूर्ण अनुभव में विश्वास करना,

जो किसी भी विश्व-दृष्टि को, किसी भी केन्द्रीय सत्य को ठुकराकर अपने निजी संसार के 'विज़न' को रचने का साहस कर सकता है। स्वयं मुक्तिबोध अपनी कविता के सर्वोत्तम सृजनात्मक क्षणों में यही करते हैं—बल्कि यूँ कहना चाहिए कि इसी अन्तर्विरोध के सबसे संत्रस्त क्षणों में वह गद्य से ऊपर उठकर कविता में जाते हैं, जबकि उनकी कहानियों में और डायरी के पृष्ठों में हमेशा इन दो तत्त्वों के बीच—मुक्तिबोध की आस्था और सन्देह के बीच—एक सतत बहस चलती रहती है। पात्र दो हैं—किन्तु उनकी लड़ाई का कुरुक्षेत्र मुक्तिबोध के भीतर है। कभी-कभी हम यह भी तय नहीं कर पाते कि स्वयं मुक्तिबोध किसके साथ हैं, अक्सर वह अपनी आस्था को छोड़कर अपनी अँधेरी-पीड़ित शंकाओं के साथ चलने लगते हैं और तब ऐसे क्षणों में मुझे उनका यह वाक्य याद आने लगता है, 'सच्चा लेखक अपने ख़ुद का दुश्मन होता है।' एक जगह वह अपनी डायरी में लिखते हैं :

> वह अपनी आत्मशान्ति को भंग करके ही लेखक बना रह सकता है...वह अपने ख़ुद का सबसे बड़ा आलोचक होता है।

आत्मशंका का यह स्वर आज के हिन्दी वातावरण में अजूबा-सा जान पड़ता है, जहाँ अधिकांश लेखक-आलोचक अपनी भीतरी शंकाओं की सलवटों को छिपाकर अपने सजे-सँवरे विश्वासों का प्रमाण-पत्र पेश करते हैं। मुक्तिबोध जीवन-भर प्रश्नों से घिरे रहे, किन्तु उनके साथ वह निरन्तर एक ऐसे 'केन्द्रीय दर्शन' की तलाश करते रहे, जो उनकी भटकन को कोई अर्थ, कोई दिशा दे सके। मुक्तिबोध को पढ़ते हुए मुझे प्राय: चेख़ॅव की कहानियाँ याद आ जाती हैं, जिनके पात्र भी उन्हीं की तरह किसी ऐसे 'मूल मंत्र' को पाने के लिए भटकते रहे, जो उनकी शापग्रस्त, जर्जरित और सूनी ज़िन्दगी को किसी ऐसे सत्य से आलोकित कर सके, जो केवल एक व्यक्ति की अमोल निधि न हो, एक ऐसा सार्वभौमिक सत्य,

जिसकी आँच में हिन्दुस्तान के करोड़ों दिग्भ्रमित, संत्रस्त, ठिठुरते लोग अपने हाथ सेंक सकें।

मुक्तिबोध न केवल अपने आलोचक थे, बल्कि अपने वर्ग के—भारतीय मध्यवर्ग के भी—सबसे बड़े, निर्भीक और निर्मम आलोचक थे। उनकी दृष्टि में मध्यवर्ग का व्यक्ति सबसे कृत्रिम, पीड़ित, खोखली, सर्वहारा ज़िन्दगी जीता है, क्योंकि उसे हमेशा अपनी धरती के ऊपर या नीचे जाने के लिए विवश होना पड़ता है। मुक्तिबोध ज़िन्दगी-भर इस वर्ग की तपती, झुलसती ज़मीन पर चलते रहे—नंगे पाँव चलते रहे—ताकि उसके अनुभवों के समस्त कोटर-कोने, उसकी आत्मा का तार-तार होता टेक्स्चर छान सकें। यदि उनके लेखन में इतनी बेचैनी, बदहवासी, छटपटाहट दिखाई देती है, तो इसलिए कि उनका अपने वर्ग से गहन प्रेम और अथक वितृष्णा का रिश्ता था। वह न तो मध्यवर्ग का होकर अपने नैतिक मूल्यों को झुठलाना चाहते थे, न उसे छोड़कर अपने अनुभवों से विश्वासघात करना चाहते थे। क्या कोई ऐसा दर्शन नहीं था, जो मूल्यों और अनुभवों को एक सार्वभौमिक सत्य में ढाल सके? मुक्तिबोध जिस समाज से आए थे, वहाँ अकेला व्यक्ति अपने निजी, वैयक्तिक दर्शन में ऐसा सत्य नहीं ढूँढ़ सकता था। वह अपनी चरमराती विपत्तियों में टूट सकता है या अपने वर्ग को छोड़ अपनी आत्मा को झुठलाकर उच्च वर्ग की नक़ली, झूठी ज़िन्दगी जी सकता है। इन दो आत्मघाती रास्तों के बीच मुक्तिबोध ऐसा विकल्प ढूँढ़ना चाहते थे जहाँ आदमी अपने वर्ग के प्रति वफ़ादार रहकर भी अपनी अन्तरात्मा के सत्य को सुरक्षित रख सके।

क्या यह विकल्प—जीवन का सार्वभौमिक सत्य—उन्हें मार्क्सवाद में मिल सका?

मुक्तिबोध की 'साहित्यिक की डायरी' में—जिसे मैं आधुनिक साहित्य-चिन्तन की अत्यन्त महत्त्वपूर्ण पुस्तक मानता हूँ—मार्क्सवाद का उल्लेख बहुत कम आता है। अपने मनन-चिन्तन में मुक्तिबोध किसी ख़ास दर्शन या सिद्धान्त का सहारा लेते हों, ऐसा कहीं नहीं दिखाई देता। किन्तु यह तो निश्चित रूप से कहा जा सकता है कि जीवन की विश्व-दृष्टि की तलाश में मुक्तिबोध शायद मार्क्सवाद के सबसे निकट आए थे। एक कवि अनिवार्यतः यह खोज अपने सबसे आत्मीय कर्म—कला-सृजन—में ही करता है। अनुभवों की विशृंखलित अराजकता के बीच क्या कोई ऐसा धागा है जो उन्हें कविता की रचना में एक अर्थपूर्ण पैटर्न में बाँध सके? मुक्तिबोध को बाँधनेवाला यह धागा मार्क्सवादी दर्शन में दिखाई दिया था—जो न केवल बाहर और भीतर के बीच, बल्कि व्यक्तिगत संवेदना और सामूहिक अनुभव के बीच एक सार्थक संगति जोड़ पाता था। 'एक साहित्यिक की डायरी' में जहाँ वह सृजन-प्रक्रिया के तीन क्षणों का विश्लेषण करते हैं, वह दुनिया की द्वंद्वात्मक गति के तीन भौतिक नियमों के समानान्तर है—स्वीकृति, निषेध और समन्वय को कल्पना-उड़ान के तीन चरणों में पिरोता हुआ। मुक्तिबोध अपनी फ़ैंटेसी के गठन में कहीं भी अपनी कल्पना को स्वेच्छाचारी या अराजक नहीं रहने देना चाहते, इतिहास के बारे में मार्क्सवाद के वैज्ञानिक नियमों को पूरी सघनता से अपने कल्पना-पटल पर अनूदित कर देना चाहते हैं—एक ऐसे कवि की हैसियत से नहीं, जो अपने अनुभवों को मार्क्सवाद की रोशनी में सँजोता है। मुक्तिबोध के लिए अपने अनुभवों की रोशनी—या अँधेरा—काफ़ी है। वह उन पर किसी दर्शन का अंकुश नहीं लगाते। मार्क्सवाद उनके लिए महत्त्वपूर्ण है तो कविता रचने के लिए नहीं, बल्कि अपनी रचना-प्रक्रिया में एक ऐसी वस्तुपरक और वैज्ञानिक संगति देखने

के लिए जिसमें सांसारिक अनुभव एक कलाकृति के सत्य को प्राप्त करते हों। इस दृष्टि से वह न केवल शमशेर बहादुर सिंह से, बल्कि इंग्लैंड में तीसरे दशक के रोमांटिक कवियों ऑडेन या स्पेंडर से मूलतः भिन्न थे, जिन्होंने केवल भावना के स्तर पर मार्क्सवाद को स्वीकार किया था। मुक्तिबोध ने मार्क्सवाद में अपनी मौलिक रचनात्मक गुत्थियों को सुलझाना चाहा था—केवल आधुनिक संकट या मनुष्य की पीड़ा से त्राण पाने के लिए ही वह उसकी ओर आकर्षित नहीं हुए थे।

जिस वस्तुपरक कसौटी को मुक्तिबोध कला में पाना चाहते थे, उसकी खोज वह कला के बाहर—भारतीय समाज—में भी करते थे। स्वतंत्रता के बाद इस समाज की समस्त अर्थपूर्ण इकाइयाँ—परिवार, धर्म, जाति-व्यवस्था—आधुनिक सभ्यता के दबाव-तले जिस तरह विशृंखलित और अर्थशून्य हो गई थीं, उनके टूटने से शून्य का जो कीड़ा भारतीय आत्मा में पैठ गया था—अर्थहीनता का अन्तहीन रेगिस्तान—उसे मुक्तिबोध ने बहुत निकटता से भोगा और देखा था। इससे उबरने का रास्ता उन्हें—अपनी कला की तरह—एक तर्कसंगत, वैज्ञानिक अनुशासन में ही दिखाई देता था। दूसरे शब्दों में, मुक्तिबोध के लिए मध्यकालीन समाज में जो स्थान धर्म का था—जो व्यक्ति और व्यक्ति के बीच सुसंगत, अर्थपूर्ण, मानवीय रिश्तों को जोड़ने की भूमिका अदा करता था—उसे हमारे समय में केवल विज्ञान की वस्तुपरक सत्ता सम्पन्न कर सकती है। गार्क्सवाद के अलावा कौन-सा दूसरा दर्शन हो सकता है, जो एक साथ 'वैज्ञानिक' हो और मानव-मुक्ति के स्वप्न का वाहक भी?

मुक्तिबोध काफ़ी दूर तक अपने इस बौद्धिक विश्वास को साथ लेकर चले थे—लेकिन इस तर्क के अन्तिम छोर पर जाकर उनके सामने शंकाओं की अँधेरी खाइयाँ मुँहफाड़े खड़ी थीं। सबसे बड़ी खाई नैतिकता की थी। धर्म की नैतिकता को सामन्तवादी रूढ़ियाँ कहकर टाला जा सकता है, किन्तु विज्ञान की नैतिकता? यह प्रश्न दर्शन का नहीं,

संस्कृति का था—आधुनिक संस्कृति का, जिसकी चालन-शक्ति ही विज्ञान में निहित है। यदि मुक्तिबोध सीधे-सीधे इस प्रश्न का सामना करते तो समूची वैज्ञानिक सभ्यता का बीभत्स, अमानवीय और सर्वसंहारी चेहरा दिखाई दे जाता, जो असल में चेहरा भी न था, केवल महानगरीय मूल्यों का चमचमाता मुखौटा था, जिसने अपने पीछे आधुनिक सभ्यता की उन सब बीमारियों को छिपा रखा था, जिससे मुक्तिबोध इतना आक्रान्त थे। सबसे बड़ी विडम्बना यह थी कि जिस मार्क्सवाद में मुक्तिबोध ने मानव-मुक्ति का स्वप्न देखा था—स्वयं उसका दर्शन आधुनिक सभ्यता के उन भौतिक मूल्यों का घोर समर्थक था—जो उस स्वप्न को इतना निर्मम ढंग से विकृत करते थे।

मुक्तिबोध यदि एक लेखक की आत्मालोचना को इतना महत्त्व देते थे, तो इसलिए कि वह सबसे गहन अर्थ में आत्मचेतन व्यक्ति थे—आत्मसंघर्ष का यह बोध ही उन्हें सार्थक रूप से आधुनिक कवि बनाता था। विडम्बना यह थी कि हिन्दी कविता में जिस लेखक के भीतर आधुनिक चेतना के सब तत्त्व मौजूद थे, वही लेखक आधुनिक सभ्यता के सर्वसंहारी तत्त्वों के प्रति सबसे अधिक सशंकित था। हमारे युग में सही अर्थों में शायद वही लेखक आधुनिक हुए हैं, जिन्होंने अपने चिन्तन और व्यवहार में आधुनिकता की सब मरीचिकाओं को भेदने का जीवट साहस किया था। मुक्तिबोध और आधुनिकता के बीच स्वीकृति और अस्वीकृति का द्विविधात्मक सम्बन्ध था। वह जिस आधुनिक भौतिकवादी दर्शन को 'धर्म' का स्थान देना चाहते थे, वह उनकी नैतिक मर्यादाओं को सबसे अधिक आहत करता था। मार्क्सवाद ने कभी कर्म की नैतिकता के बारे में कोई सन्तोषप्रद व्याख्या नहीं की—सिवाय इसके कि जो कर्म ऐतिहासिक शक्तियों के पक्ष में होगा, वह अनिवार्यतः नैतिक होगा, किन्तु यदि ये 'तथाकथित' ऐतिहासिक शक्तियाँ प्रगति और विकास के नाम पर स्वयं मनुष्य की आत्मा को खोखला कर दें, उसे अपने मनुष्यत्व

से ही वंचित कर दें, तो उनका समर्थन करनेवाला कर्म भी क्या नैतिक होगा? मार्क्सवाद चाहे इस प्रश्न का उत्तर न दे सके, स्वयं मुक्तिबोध ने अपनी कहानी के पात्र क्लॉड ईथर्ली में ऐतिहासिक तर्क की इस भयानक परिणति को देखा था।

यदि कोई लेखक व्यक्ति की स्वतंत्रता को 'इल्यूज़न' (आत्मभ्रान्ति) मानकर अपने वर्ग की ओर मुड़ता है और स्वयं उस वर्ग के जीवन-मूल्यों को विपन्न और विषैला मानकर एक ऐसे 'दर्शन' में मुक्ति खोजता है, जिसके पास नैतिक मूल्यों के संकट का कोई समाधान नहीं—तो वह लेखक अपने को सबसे अधिक अकेला पाएगा। हिन्दी साहित्य में मुक्तिबोध शायद सबसे अधिक अकेले थे और उनके अकेलेपन का साक्षी कोई दूसरा नहीं—सिर्फ़ उनकी कविताएँ थीं। यह शायद संयोग नहीं है कि अन्य हिन्दी कवियों की अपेक्षा मुक्तिबोध ने अपने लेखन में 'आत्मा' शब्द का सबसे अधिक प्रयोग किया है। आत्मा मनुष्य की सबसे आत्मीय चीज़ है—और सबसे अँधेरी। वह व्यक्ति से बँधी होकर भी वैयक्तिक नहीं है, किन्तु वह किसी समूह के घेरे में भी नहीं आती, क्योंकि वह मुड़कर हर व्यक्ति की निजी अन्दरूनी प्राणवत्ता में वास करती है। आत्मा का अपना लैंडस्केप है। लैंडस्केप की विशेषता यह है कि वह भूमि का खंड होते हुए भी सिर्फ़ भूमि का खंड नहीं है। वह आँख द्वारा देखा गया दृश्य है, जो उस एक निर्वैयक्तिक 'प्रदेश' को एक आत्मीय लैंडस्केप में बदलता है। मुक्तिबोध जब व्यक्ति और समाज से हताश होकर अपनी कविता की ओर मुड़ते हैं—तो देखनेवाली आँख, जो अनुभवों का अँधेरा अपने साथ लाई थी—ख़ुद उनकी कविता के

लैंडस्केप में चमकती दिखाई देती है, एक ऐसा सूरज, जिसकी ओट में मुक्तिबोध के संशयों का अँधेरा छिपा था। हम ख़ुद अपनी आँख नहीं देख सकते—सिर्फ़ बाहर की दुनिया देखते हैं, किन्तु कविता में जो दुनिया दिखाई देती है, क्या वह ख़ुद देखनेवाली आँख नहीं है, जो अनुभव के भूखंड को आत्मा के लैंडस्केप में बदलती है? वह एकदम नहीं बदलती—बीच में एक लम्बा रास्ता है—उनके अनुभव से आत्मा की ओर जाता हुआ, जिसे कोई और नहीं, स्वयं मुक्तिबोध की कहानियाँ तय करती हैं।

शायद यही कारण है कि मुक्तिबोध की कहानियाँ असल में कहानियों-सी नहीं दीखतीं। अनुभव का क्षेत्र वही है, जिस पर 'नई कहानी' ने इतने हो-हल्ले के साथ हमला किया था—बेकारी, ग़रीबी, संयुक्त परिवारों की घुटन, मृत्यु, आत्महत्या—ये सब पहचाने तत्त्व मुक्तिबोध की कहानियों में मौजूद हैं। किन्तु जहाँ दूसरे कथाकार इन तत्त्वों के सहारे कहानी में गतिमयता का संचार करते हैं, मुक्तिबोध इससे बिलकुल विपरीत कहानी के प्रवाह को रोककर इन सब तत्त्वों को जैसे का तैसा जड़ित, जमी हुई, मूर्च्छित अवस्था में छोड़ देते हैं—मानो उन्होंने चीज़ों के संचारी जीवन को क्षण-भर के लिए 'फ्रीज़' कर लिया हो, ताकि वह मन की प्रयोगशाला में उन तत्त्वों का एक-एक करके परीक्षण कर सकें, जिनके सम्मिश्रण से 'वेदना' बनती है। यदि आत्मा का उल्लेख बार-बार उनकी कविता में होता है, तो वेदना की छाया उनकी कहानियों पर मँडराती है। मुक्तिबोध की कहानियाँ—यदि हम सचमुच उन्हें कहानियाँ कह सकें—इस सर्वव्यापी वेदना को पात्रों या घटनाओं द्वारा उतना व्यक्त नहीं करतीं—वह सड़क के दोनों ओर एक ठहरे, पथराए काल-खंड की तरह छाई रहती हैं—जिसके बीच मुक्तिबोध के पात्र अपने या दूसरों से बात करते हुए निकल जाते हैं। यह अद्भुत बात है कि मुक्तिबोध की कहानियों में सब कुछ स्थिर है, सिर्फ़ बात चलती है।

यह चलती हुई बात ज़िन्दगी की ठहरी हुई बात को समझना चाहती है, उसकी परत-दर-परत खोलती जाती है। किसी एक कहानी में यदि एक परत खुलती है, तो दूसरी कहानी में उसी बात की दूसरी परत—जब तक बात पूरी नहीं होगी, कहानी कैसे समाप्त होगी? इसलिए मुक्तिबोध की कोई कहानी साफ़-सुथरी, सम्पूर्ण रचना नहीं बन पाती। वह एक भटकती हुई आत्मा की डायरी है। डायरी में हर सत्य अगले पन्ने के सत्य की प्रतीक्षा में अधूरा पड़ा रहता है—अधूरा और प्रतीक्षारत। मुक्तिबोध की कहानियाँ प्रतीक्षा करती हुई कहानियाँ हैं।

वे किस चीज़ के होने की प्रतीक्षा कर रही हैं? इसका उत्तर हमें उनकी कहानियों के कथ्य में नहीं, बल्कि उनके कथ्य-स्थल में ढूँढ़ना होगा। मुक्तिबोध मूलतः कवि थे, किन्तु उनका गद्य—वे कहानियाँ हों या डायरी—उससे बहुत दूर हैं, जिसे हम काव्यात्मक या लिरिकल गद्य कहते हैं। उलटे उसमें एक पठार-सी कठोरता और पथरीलापन है, जिसे पढ़कर कोई कल्पना नहीं कर सकेगा कि वह एक ऐसे कवि का गद्य है, जिसकी मूल संवेदना कविता में व्यक्त होती है। किन्तु वह कहानीकारों का गद्य भी नहीं है, जिसमें पात्रों की नियति घटनाओं द्वारा उद्घाटित होती है। मुक्तिबोध की कहानियों में उद्घाटित कुछ भी नहीं होता, पहले-पहले वाक्य से अन्तिम पूर्णविराम तक सब कुछ सपाट, निश्चित, पूर्वनिर्धारित जान पड़ता है—मध्यवर्ग की ज़िन्दगी-सा—जिसमें कुछ भी नहीं बदलता। जो है, वह पहले भी था, और हमेशा रहेगा—एक अनवरत, अन्तहीन चक्कर में घूमता चक्र। किन्तु यदि सब कुछ पूर्वनिर्धारित है, तो उम्मीद और इन्तज़ार किस बात का? किस घटना के होने की तैयारी में उनकी कहानियाँ प्रतीक्षा करती जान पड़ती हैं?

यह होनेवाली घटना कोई और नहीं—कविता है। कहानियों में कविता होने की सम्भाव्य घटना। यह घटना कहानियों में होती नहीं, मुक्तिबोध का कवि एक अद्भुत कलात्मक संयम द्वारा उसे कहानी के

भीतर स्थगित किये रहता है, किन्तु उसके विस्फोटक तत्त्व हमेशा उसमें मौजूद रहते हैं, मानो कविता का 'टाइमबम' कहीं कहानी के कथ्य-स्थल में दबा है, जिसके विस्फोटन की प्रतीक्षा में पेड़, झाड़ियाँ, चट्टानें, सरोवर, तालाब, अँधेरी गलियाँ बर्फ़ से जमे, स्तब्ध और सहमे खड़े रहते हैं। वे स्थिर, बिना हिले-डुले खड़े रहते हैं और हम समझ नहीं पाते, वे वहाँ क्यों हैं, क्योंकि वे इतने जीवन्त और प्राणवान हैं कि हम उन्हें केवल कहानी की पृष्ठभूमि, महज़ कथ्य का बैकग्राउंड कहकर अनदेखा नहीं कर सकते, किन्तु वे इतने मूक, स्थिर और तटस्थ भी हैं कि कहानी में कहीं भी प्रत्यक्ष रूप से दख़ल नहीं देते। क्या हैं वे, जो होकर भी नहीं हैं? ज़रा ध्यान से देखने पर पता चलेगा कि वे कुछ और न होकर मुक्तिबोध के अजन्मे रूपक हैं—कहानी के ठहरे उपादान—जो होनेवाली कविता में सहसा अँधेरी गुफाओं और रहस्यमय सरोवरों में अपना दूसरा जीवन ग्रहण करते हैं—और इस बार वे स्थिर और मूक तटस्थ नहीं हैं—वे समूचा तन्तुजाल हैं, जिसमें मुक्तिबोध की कविता काँपती हुई जन्म लेती हैं। कहानी में जो बर्फ़ की तरह जमा दिखाई देता है—कविता में वही बिजली के करंट-सा बहता हुआ मुक्तिबोध की समूची अन्तर्यात्रा को आलोकित कर देता है।

किन्तु इससे परे एक दूसरा प्रदेश शुरू होता है—कविता का प्रदेश, जहाँ मैं इस लेख में जाने का दुस्साहस नहीं करूँगा।

हमारे समय का नायक

बहुत पहले मार्क्सवादी चिन्तक क्रिस्टोफर कॉडवेल ने अपनी एक विचारोत्तेजक पुस्तक 'स्टडीज़ इन डाइंग कल्चर' में टी.ई. लॉरेंस के बारे में कहा था कि वह शायद पश्चिमी समाज के अन्तिम हीरो थे। उनका कहना था कि यूरोपीय सभ्यता एक ऐसे पतनोन्मुख दौर में पहुँच चुकी है जिसमें 'नायक' का रोल पूरा करने की समस्त रोमांटिक सम्भावनाएँ ख़त्म हो चुकी हैं। पश्चिमी समाज के सन्दर्भ में आज कॉडवेल का यह कथन मुझे बहुत सारपूर्ण जान पड़ता है। क्या यही कारण नहीं था कि बुर्ज़ुआ संस्कृति के चौखटों से ऊबकर फ्रेंच लेखक डेबरे बोलिविया के जंगलों में गुरिल्ला-विद्रोहियों के साथ भटकते रहे थे, ताकि वहाँ किसी प्रकार का 'नायक-कर्म' सम्पन्न कर सकें? किसी भी आदर्शवादी, रोमांटिक कर्म की सम्भावनाएँ चुक जाने के बाद पश्चिमी समाज का 'विद्रोही' अपना समाज छोड़कर दूसरे 'अर्द्ध-विकसित, पिछड़े' देशों में चला जाता है जहाँ परिवर्तन के दरवाज़े अब भी खुले हैं या खोले जा सकते हैं।

दूसरी तरफ़, ऐसा भी है कि ऐसे विद्रोही चिन्तकों को स्वयं अपने समाज से निष्कासित कर दिया जाता है; जैसा सोल्जेनित्सिन के साथ हुआ। कुछ भी हो—इन दोनों उदाहरणों में एक विकट और कटु सत्य समान है—पश्चिमी समाज (पूँजीवादी या तथाकथित समाजवादी) में आज व्यक्ति 'नायकत्व' की क्रान्तिकारी भूमिका सम्पन्न करने में अपने को असमर्थ पाता है। वह कुछ भी हो सकता है—एक विद्रोही चिन्तक, एक राज्यद्रोही डिसिडेंट, बम फेंकनेवाला आतंकवादी, हाइजेकर—लेकिन अपने समाज का प्रतिनिधि नायक नहीं, जिसके कर्म में विभिन्न वर्गों के लोग अपनी आत्मा की कसौटी, अपनी मुक्ति खोज पाते हों।

यहीं—ख़ास इस सन्दर्भ में—जयप्रकाश नारायण की नायक-भूमिका एक दुर्लभ और असाधारण प्रासंगिकता लेकर सामने आती है। यदि वह उन्नीसवीं शती के 'रोमांटिक हीरो' और हमारे समय के छद्म और तानाशाह नायकों से इतने अलग जान पड़ते हैं तो इसलिए कि उन्होंने अपने राजनीतिक कर्म में स्वयं नायक की परिभाषा को बुनियादी तौर से परिवर्तित करना चाहा था। यह तभी सम्भव हो सकता था जब राज्य की सत्ता और मनुष्य की स्वतंत्रता के बीच एक ऐसा सन्तुलन क़ायम किया जा सके जहाँ राजनीतिक कर्म और नैतिक ज़िम्मेवारी एक-दूसरे के विरोधी नहीं, एक-दूसरे के पूरक हों। पश्चिम में 'नायक' की यह नैतिक अवधारणा आज लुप्त-सी हो गई है—ख़ास कर रूसी क्रान्ति के बाद यह धारणा पुष्ट हो गई है कि हर क्रान्ति अपने नायकों को खा जाती है और स्तालिन जैसे नायक जो बचे रहते हैं—वे स्वयं क्रान्ति के आदर्शों को भ्रष्ट कर देते हैं।

किन्तु पश्चिम में ही नहीं, स्वयं हमारे देश में 'नायक' का दरजा बहुत सन्दिग्ध और शंकापूर्ण रहा है। हमारे देश की जनता ने गांधीजी को नायक का नहीं, महात्मा का आदर दिया था। नेहरू अवश्य कुछ 'हीरो' से दिखाई देते थे, किन्तु असली अर्थ में वह एक अच्छे, लोकतांत्रिक आदर्शों में विश्वास करनेवाले 'लिबरल' व्यक्ति थे जिसे

अंग्रेज़ी में 'स्टेट्समैन' कहा जाता है। लोहिया एक ग़रीब देश के सजग, अत्यन्त प्रतिभावान रण-सैनिक ही रहे—अपने समय से बहुत दूर की सोचनेवाले बुद्धिजीवी, राजनीतिज्ञ—डॉन कुऔते की तरह कुछ-कुछ हास्यास्पद, भारतीय संस्कृति के ठीक बीच में रहते हुए भी राजनीति में आउट-साइडर—नायक उतने नहीं, जितने प्रतिनायक।

भारत की विशिष्ट स्थिति में महात्मा, स्टेट्समैन, विद्रोही चिन्तक के बाहर भी एक रिक्त स्थान बचा रहता है, जिसमें ये अलग-अलग रोल आपस में मिल जाते हैं—एक संश्लिष्ट प्रकार की भूमिका—जिसे जयप्रकाश जी ने सम्पन्न किया था। यदि वह 'नायक' थे तो उस क्लासिक अर्थ में नहीं जिसे कॉडवेल ने पश्चिमी समाज के सन्दर्भ में परिभाषित किया है। जयप्रकाश जी की भूमिका उससे कहीं अधिक व्यापक और बहुमुखी थी। उन्होंने आधुनिक राजनीति की बनी-बनाई जड़वत भूमिकाओं और कठघरों से अलग एक विशिष्ट क़िस्म की दुर्लभ और दुस्साहसी ज़िम्मेदारी निभाने की कोशिश की थी जिसमें वह एक बुद्धिजीवी भी थे, एक संत भी, एक सोशलिस्ट क्रान्तिकारी और एक गांधीवादी सत्याग्रही भी। उन्होंने भारतीय राजनीति के एकआयामी, एकस्तरीय, प्रोफ़ेशनल ढाँचे को तोड़ने का प्रयास किया था, जो पश्चिम की देखादेखी में आज़ादी के बाद तैयार किया गया था। भारत की विराट, पेचीदा, औपनिवेशिक समस्याओं के सन्दर्भ में कोई भी व्यक्ति महज़ निरा संत या राजनीतिज्ञ रहकर अपना भारतीय दायित्व पूरा नहीं कर सकता—ख़ुद अपना सत्य अपने घेरे में नहीं पा सकता—उनका समूचा जीवन इस दुर्लभ सन्देश का प्रतीक और वाहक था। मेरे विचार में यहीं उनके अजीब से 'नायकत्व' का भेद निहित है—एक विशिष्ट रोल का नायक नहीं बल्कि एक सर्वतोमुखी व्यक्तित्व की समग्र भूमिका—जिसमें समस्त मानवीय प्रेरणाएँ समन्वित होती हैं। आश्चर्य नहीं, अन्तिम बरसों में भारतीय जनता को उनके लिए 'लोकनायक' से बेहतर और स्नेहपूर्ण नाम कोई दूसरा नहीं सूझा।

स्नेहपूर्ण—शायद ही किसी व्यक्ति को भारतीय जनता का इतना मर्मस्पर्शी स्नेह लाड़ को छूता हुआ प्यार मिला हो, जितना जयप्रकाश जी को। मैं जब इस स्नेह का कारण ढूँढ़ता हूँ तो सिर्फ़ एक उत्तर मिलता है—उनकी गहन, अन्तहीन संवेदना। बीसवीं शती के ख़ून में लिथड़े गलियारे में चलते हुए हमारी मुलाक़ात एक ऐसे व्यक्ति से हो जाती है जिसने एक 'भूखे-पिछड़े समाज' में, एक साधारण हिन्दुस्तानी में छिपी संवेदनशील हमदर्दी को उजागर किया था। यहाँ जयप्रकाश शायद गांधीजी से भी आगे थे, क्योंकि भारत की क्रूर, मरुस्थली, स्वार्थपरक राजनीति में स्वयं 'राजनीतिक संवेदनशीलता' का कोई विनयशील कोना, कोई हरा-भरा नख़लिस्तान हो सकता है—यह जयप्रकाश जी की अनुपम खोज थी। यह खोज आसान नहीं थी और जयप्रकाश जी कोई लौहपुरुष नहीं थे—नहीं थे शायद इसीलिए लोग उन्हें इतना प्यार करते थे। जयप्रकाश के सामने यदि पश्चिम के राजनीतिज्ञ और आज के भारतीय नेता बौने से लगते हैं तो इसलिए कि जयप्रकाश जी ने संवेदना को धर्म और कविता से उठाकर राजनीति का मूल्य बनाया था, अपने को राजनीतिक हथकंडों के अनुरूप न मरोड़कर स्वयं राजनीति को मानवीय संवेदना के अनुरूप मोड़ने का प्रयत्न किया था। उनका नायकत्व उनकी जीतों में नहीं, उसकी हारों में निहित था—क्योंकि बीसवीं शती की हिंसात्मक और सत्तामूलक राजनीति में एक नायक सिर्फ़ पराजित नायक हो सकता है; यह नहीं कि सफल नायक नहीं होते, किन्तु आधुनिक राजनीति की यह विडम्बना है कि वे हमेशा कॉमीसर बनकर ही सामने आते हैं।

किन्तु इतिहास में हर पराजय गौरवपूर्ण नहीं होती। कभी-कभी एक जाति के लिए वह भीषण दु:ख और दुर्भाग्य का कारण बन जाती है। भारतीय राजनीति में गांधीजी के अचानक चले जाने के बाद जो दिग्भ्रमित शून्य घिर आया था, उसे एक स्पष्ट और अर्थपूर्ण दिशा जयप्रकाश जी ही दे सकते थे। चुनाव में समाजवादी पार्टी की पराजय स्वयं आत्मपरीक्षण

और नये विकल्पों की खोज करने का अवसर बन सकती थी। यह वह मौक़ा था जब पश्चिमी लोकतंत्र और मार्क्सवादी पार्टियों की दकियानूस संकीर्णता के बीच एक ऐसे रास्ते का अन्वेषण किया जाता जिसका संकेत बरसों पहले गांधीजी ने दिया था—एक मौलिक, क्रान्तिकारी अन्वेषण—जो स्वयं अफ्रीकी और एशियाई देशों के लिए एक आलोक-स्तम्भ बन पाता। जयप्रकाश जी ऐसा नहीं कर सके—इसके अनेक कारण ढूँढ़े जा सकते हैं—किन्तु इसके पीछे उनकी दुविधा और हिचकिचाहट सबसे अधिक उल्लेखनीय जान पड़ती है। हिचकिचाहट और संशय—मेरे विचार में यह जयप्रकाश जी के प्रौढ़ जीवन का सबसे बड़ा मानवीय गुण था—और यही उनका सबसे ट्रेजिक पहलू भी। कभी-कभी जयप्रकाश जी के बारे में सोचते हुए मुझे काफ़्का की ये पंक्तियाँ याद हो आती हैं, जो उन्होंने अपनी डायरी में लिखी थीं :

> लक्ष्य है, लेकिन रास्ता कोई नहीं है। जिसे हम रास्ता मानते हैं, वह सिर्फ़ हिचकिचाहट है।

यह हिचकिचाहट कमज़ोरी या कायरता से उत्पन्न नहीं हुई थी, उलटे इसके पीछे ऐसा सजग बौद्धिक व्यक्तित्व था जो राजनीति की क्रूर विडम्बना जानता था। वह व्यक्ति ही शंका कर सकता है, जो जानता है—और ऐसा व्यक्ति पीड़ा भी भोगता है, जिसके बारे में हम कुछ नहीं जानते। जयप्रकाश जी की यह शंका मूलत: राज्यसत्ता के चरित्र के सम्बन्ध में थी—अपने राजनीतिक जीवन के आरम्भ में वह सोचते थे कि सत्ता को बदलकर उसे मनुष्य के सुखी और स्वतंत्र जीवन का यंत्र बनाया जा सकता है—यह विश्वास उन्हें मार्क्सवादी दर्शन से प्राप्त हुआ था। बाद के बरसों में—मोहभंग की मन:स्थिति में—उन्हें लगा कि सत्ता अपने में 'पाप और इविल' है और जब तक मनुष्य अपने को नहीं बदलता, सत्ता में परिवर्तन करना केवल एक मरीचिका का मोह है।

यह प्रेरणा उन्हें गांधीजी से प्राप्त हुई थी। किन्तु यह आधी प्रेरणा थी—क्योंकि गांधीजी ने राजनीति और नैतिकता के बीच जिस तनाव भरी चुनौती को प्रस्तुत किया था (जिसे लोहिया ने एक सांस्कृतिक पीठिका दी थी), वह रास्ता कहीं और जाता था—एक सम्पूर्ण सांस्कृतिक क्रान्ति की ओर। उसे छोड़कर हताशा और मोहभंग की स्थिति में जयप्रकाश जी सर्वोदय और भूदान की ओर मुड़े थे—जो उनके जीवन के अमूल्य खोए हुए बरस थे, जिनमें उन्होंने सत्ता और स्वतंत्रता, राजनीति और नैतिकता के बीच चुनौती से मुँह मोड़कर सिर्फ़ 'मानवीय मूल्यों' में अपना सत्य ढूँढ़ना चाहा था किन्तु वहाँ कोई सत्य था नहीं—वहाँ थे विनोबा, जिन्होंने गांधीजी के अन्वेषी प्रयोगों को घिसे-पिटे सूत्रों—स्वयं गांधी को एक पैरॉडी में बदल डाला था।

राजनीति में सिर्फ़ 'मूल्यों में विश्वास' उस समय तक कारगर नहीं होता जब तक इन मूल्यों को निरन्तर घनी होती हुई मानवीय यातना और ग़ुलामी के सन्दर्भ में एक तात्कालिक, जीवन्त प्रश्न के रूप में नहीं प्रस्तुत किया जाता। वहाँ राजसत्ता से निर्वासन नहीं, सीधा-सादा सामना करना पड़ता है। एक कलाकार के लिए जिस तरह एकमात्र चुनौती यह होती है कि वह अदृश्य सौन्दर्य को ठोस आकार और शब्द में रूपायित कर सके, उसी तरह एक सर्जनशील क्रान्तिकारी के लिए सबसे बड़ी चुनौती यह होती है कि वह मानवीय स्वतंत्रता और न्याय के अमूर्त नैतिक मूल्यों को राजनीति के गँदले, भयावह और धूल, मिट्टी, ख़ून में लिथड़े मैदान के बीच अनूदित और आलोकित कर सके। कोई भी ऐसा व्यक्ति उससे पल्ला झाड़कर अलग नहीं हो सकता—विशेष कर जयप्रकाश जी जैसा व्यक्ति—जो भारतीय राजनीति और लोकतंत्र में आमूल परिवर्तन लाना चाहते थे। यही टॉल्स्टॉय, गांधी और लेनिन के बीच बुनियादी अन्तर था। टॉल्स्टॉय कभी अपने आदर्शों को अपने कर्म से नहीं जोड़ पाए, दूसरी तरफ़ लेनिन थे, जिनके लिए कर्म ही आदर्श बन गया—

क्रान्ति अपने में एक लक्ष्य, जिसकी वेदी पर वह स्वयं क्रान्ति के मूल्यों को बलि चढ़ा देने के लिए तैयार थे। गांधी ही एकमात्र राजनीतिज्ञ थे—यदि हम उन्हें राजनीतिज्ञ कह सकें—जो न कभी कर्म के घटाटोप में मूल्यों की अवहेलना कर सके, न आदर्शों की स्वप्नशीलता में मनुष्य-कर्म को तिरोहित कर सके। यह कर्म और मूल्य के बीच सुविधाजनक, सरलीकृत समन्वय नहीं था, स्वयं बीसवीं शती की अराजक और मूल्यहीन पीठिका में राजनीति के धर्म की अनोखी और सम्पूर्ण परिभाषा थी।

जयप्रकाश जी एक लम्बी, पीड़ायुक्त भूल-भुलैया से गुज़रते हुए अपने जीवन के अन्तिम बरसों में राजनीतिक धर्म की इस सम्पूर्ण परिभाषा की देहरी पर पहुँचे थे। एक बार वहाँ पहुँचकर उनका समूचा संशय, हताशा, ऊहापोह सुबह की धुंध की तरह छितर गया। यह उनका साहस और हमारा सौभाग्य था कि इस देहरी के परे उन्होंने सम्पूर्ण क्रान्ति का अभियान शुरू किया था। वह शायद पहले व्यक्ति थे जिन्होंने भारतीय राजनीति के क्षितिज पर पाप और दुराचार (evil) को उगते देखा था। यह नहीं कि इन्दिरा गांधी से पहले भारतीय राजनीति पाप से मुक्त थी, किन्तु वह (इन्दिरा) अपने आचरण और व्यक्तित्व में पाप की सम्पूर्ण परिभाषा को अभिव्यक्त करती थीं। 'सम्पूर्ण पाप' का सामना केवल 'सम्पूर्ण क्रान्ति' से ही किया जा सकता था। जयप्रकाश जी का सर्वांगीण 'नायकत्व'—जो उनकी लम्बी संघर्ष-यात्रा में अलग-अलग खंडों में विभाजित दिखाई देता है—सम्पूर्ण क्रान्ति के आन्दोलन में स्वयं अपने जीवन की सम्पूर्णता को उपलब्ध कर सका था।

किन्तु जयप्रकाश जी का अभियान केवल भारतीय सन्दर्भ में ही महत्त्वपूर्ण नहीं था—वह उससे भी कहीं अधिक व्यापक और गहन स्तर पर बीसवीं शती के विक्षुब्ध, कातर और निरीह मनुष्य का विद्रोह भी था—राजनीति के प्रपंच और इतिहास के पाशविक, लौहवत् 'नियमों' का अतिक्रमण करने का प्रयास, जिसके द्वारा हर व्यक्ति अपनी आत्मा

के अन्दरूनी नियमों का अनुकरण कर सके। सम्पूर्ण क्रान्ति का यह नैतिक आयाम उसे बीसवीं शती में हुई समस्त सत्ता-लिप्सि क्रान्तियों से ऊपर उठा देता है। जयप्रकाश जी अपने अन्तिम बरसों में एक ऐसे कवि-क्रान्तिकारी हो गए जिन्हें जीवन-भर की भटकन के बाद अपने भीतर घुमड़ते हुए स्वप्न के लिए एक जीवन्त शब्द, रूप और आकार मिल गया था।

क्या हम उस स्वप्न की समग्र पवित्रता, उज्ज्वलता और संवेदना अपने राजनीतिक कर्म में रूपायित कर पाएँगे?

यह प्रश्न वह हमारे लिए—हम सब हिन्दुस्तानियों के लिए अपने पीछे छोड़ गए हैं।

नाबोकोव : साहित्य-शिक्षक के रूप में

हमारे यहाँ अनेक लेखक हैं, जो अध्यापन करते हैं। अनेक ऐसे छात्र होंगे, जिन्होंने क्लास में बैठकर उनके लेक्चरों के नोट्स लिये होंगे। परीक्षोपयोगी महत्त्व तो उनका अवश्य होगा—किन्तु वह तो उन शिक्षकों का भी होता है, जो लेखक नहीं हैं। एक लेखक-अध्यापक के लेक्चर कुछ कामकाजू, तात्कालिक प्रयोजन से अलग अपने में एक असाधारण आकर्षण और साहित्यिक विशिष्टता रख सकते हैं, इसकी एक झलक नाबोकोव के उन क्लास-नोट्स में मिली, जो उनकी मृत्यु के बाद उनके काग़ज़ों में पाए गए। हाल ही में वे पुस्तक-रूप* में प्रकाशित हुए हैं। शायद ही किसी आधुनिक उपन्यासकार ने उपन्यास की कला के बारे में इतनी चुभती हुई, चमत्कारिक, चुटीली और चुटकुली भाषा में दो-टूक बातें कही हैं, जैसी नाबोकोव ने अपनी क्लास के छात्र-छात्राओं के सामने।

---

* Nabokove's Lectures on Literature.

एक व्यावसायिक, ठेठ आलोचक की तर्क-मीमांसाओं से बिलकुल अलग एक कहानी-लेखक सिर्फ़ अपनी कल्पना की चमकदार नोक से साहित्य का मर्म कुरेद सकता है—उसी कल्पनाशील उज्ज्वलता से—जिससे उसकी कहानियों-उपन्यास ने जन्म लिया है—वर्जीनिया वुल्फ़ के बाद शायद नाबोकोव अकेले लेखक हैं, जिन्होंने इस अद्वितीय प्रतिभा का परिचय दिया है।

नाबोकोव कहीं भी अपने दुराग्रह और पूर्वग्रह नहीं छिपाते—उनमें वे उतने ही जीवन्त और मौलिक जान पड़ते हैं, जितना साहित्य की महान कृतियों के प्रति उनका अगाध, मांसल, चाक्षुष प्रेम दिखाई देता है।

यह प्रेम केवल मांसल हो सकता है, जिसे हम साहित्य की रूखी, समाजशास्त्रीय टीकाओं-तले अक्सर दबा देते हैं, कलाकृतियों के बारे में नाबोकोव का यह सहज, उजला सत्य उन्हें आज के साहित्यिक वातावरण में काफ़ी अकेला छोड़ देता है। अकेला, लेकिन अत्यन्त महत्त्वपूर्ण; एक झटके से किसी उपन्यास का मर्म हमारे सामने बिजली की तरह कौंध जाता है। मदाम बॉवेरी के बारे में वह कहते हैं :

> यह कितना बड़ा अन्याय होगा, यदि हम इस उपन्यास को केवल इस दृष्टि से पढ़ें कि उसमें लेखक ने बुर्जुआ वर्ग की निन्दा की है। हमें सदा याद रखना चाहिए कि एक कलाकृति एक सर्वथा नूतन विश्व की रचना करती है, इसलिए किसी पुस्तक को पढ़ते हुए हमें इस नये विश्व को बहुत गहराई से देखना चाहिए, जिसका उन दुनियाओं से कोई नाता नहीं, जिनसे हम परिचित हैं। उपन्यास जिस नई दुनिया को जन्म देता है, उसका अध्ययन करने के बाद ही हम उसका रिश्ता अपनी जानी-पहचानी दुनिया से जोड़ सकते हैं।

इसी से जुड़ा एक दूसरा प्रश्न है—क्या हम किसी उपन्यास से—किसी महान उपन्यास से—किसी देश-काल की विश्वस्त सूचना

प्राप्त करने की आशा कर सकते हैं? नाबोकोव के विचार में यह आशा अपने में ही मूर्खतापूर्ण है :

> क्या जेन ऑस्टिन से हमें इंग्लैंड की ज़मींदारी प्रथा का कोई चित्र मिल सकता है या डिकेंस के अद्भुत, रहस्यमय लन्दन के रोमांस से हमें सौ साल पहले लन्दन का कोई परिचय मिल सकता है? सत्य यह है कि 'महान उपन्यास असल में महान परी-कथाएँ होती हैं।' समय और स्थान, मौसम के बदलते रंग, मस्तिष्क और पुट्ठों के गतिमान स्पन्दन—एक महान लेखक के लिए इनके रहस्य ऐसे नहीं हैं जिन्हें सार्वजनिक सत्यों की पब्लिक लाइब्रेरी से उधार लिया जा सके, बल्कि वे ऐसे अद्भुत विस्मयकारी चमत्कार हैं, जिन्हें एक कलाकार अपने अद्भुत विस्मयकारी ढंग से ही अभिव्यक्त कर सकता है।

एक दूसरी जगह नाबोकोव अपने छात्रों को सुझाव देते हुए कहते हैं :

> आप किताब को पढ़ नहीं सकते, जब तक आप उसे दुबारा नहीं पढ़ते। एक अच्छा पाठक हमेशा 'दुबारा पढ़नेवाला' पाठक ही हो सकता है। मैं आपको बताता हूँ, ऐसा क्यों? जब हम पहली बार पुस्तक पढ़ते हैं, तब पढ़ने की शारीरिक प्रक्रिया—बाएँ से दाएँ तक आँखें घुमाना, एक पंक्ति के बाद दूसरी पंक्ति पढ़ना, एक पृष्ठ के बाद दूसरा पृष्ठ पलटना—ये क्रियाएँ ख़ुद में आप और पुस्तक के रसास्वादन के बीच बाधा बन जाती हैं। जब हम किसी पेंटिंग को देखते हैं तो हम अपनी आँखें उसी तरह नहीं घुमाते हालाँकि उसमें भी गहराई और विकास के तत्त्व मौजूद रहते हैं। जब हम किसी पेंटिंग से पहली बार सम्पर्क बनाते हैं, तो उसमें समय हस्तक्षेप नहीं करता,

> किन्तु एक किताब से सम्पर्क बनाने के लिए समय का होना ज़रूरी है। हमारे पास ऐसी कोई दैहिक इन्द्रिय नहीं है (जैसे पेंटिंग को देखने के लिए आँख है) जो एक पुस्तक को एक चित्र की तरह—अपनी समग्रता में देख सके और साथ-ही-साथ उसकी तफ़सीलों का रसास्वादन भी करा सके। किन्तु यदि हम पुस्तक को दुबारा, तिबारा या चौथी बार पढ़ें, तो हम उसे वैसे ही 'देख' सकते हैं, जैसे किसी चित्र को।

सिद्धान्त नहीं, तफ़सीलें, डिटेल, छोटी-छोटी बातें—नाबोकोव की दृष्टि में एक उपन्यास के प्राण उसके सूक्ष्म ब्योरों में वास करते हैं; कमरे का फ़र्नीचर या आँखों का रंग, कमरे, कपड़े, बातचीत का तरीक़ा और रहन-सहन का ढंग—ये वे महीन तन्तु हैं, जिनसे एक 'मास्टर पीस' का ताना-बाना बुना जाता है। इनके साक्षात् से ही पाठक की कल्पना स्फुरित होती है; उत्कृष्ट कल्पना वह नहीं है, जब हम उपन्यास में किसी स्थान या लैंडस्केप या अतीत के प्रति मोहित होने लगते हैं; सबसे निकृष्ट कल्पना तो वह है जब कोई पाठक उपन्यास के नायक में अपने को ढूँढ़ने लगता है। महान साहित्य का आनन्द लेने के लिए ठंडी, शान्त, निर्वैयक्तिक कल्पना की ज़रूरत है, जो अपने को तटस्थ और निस्संग रख सके—तभी एक किताब पूरी सार्थकता के साथ हमारी आत्मा में कम्पन, रीढ़ की हड्डी के ऊपर फुरफुरी जगा सकती है। एक आदर्श पाठक के भीतर पागल मतवालापन और वैज्ञानिक विवेक—दोनों का समन्वय होना चाहिए।

नाबोकोव की राय में साहित्य एक आविष्कार है। क़िस्सा हमेशा क़िस्सा रहेगा। किसी कहानी को 'सत्यकथा' कहना, नाबोकोव की दृष्टि में,

कला और सत्य, दोनों का निरादर करना है। हर महान कथाकार छली होता है। स्वयं प्रकृति सबसे ज़्यादा छल करती है—तितलियाँ और पक्षी आत्मरक्षा के लिए कैसे अजीब रंगों का वेश बदलते रहते हैं! साहित्य का जन्म उस दिन हुआ जब वह लड़का 'भेड़िया-भेड़िया' चिल्लाता हुआ आया था, जबकि उसके पीछे कोई भेड़िया नहीं था। लम्बी घास में छिपे भेड़िये और लड़के के मनगढ़न्त भेड़िये के बीच जो झिलमिलाता जाला है, वहीं साहित्य की कला है। वह लड़का आख़ीर में अपने झूठ के कारण मारा गया, यह सही है; लेकिन यह भी सही है कि वह लड़का छोटा-सा जादूगर था, एक आविष्कारकर्ता, दुनिया का पहला कथाकार।

तीन दृष्टिकोणों से एक लेखक को जाँचा जा सकता है—कथावाचक, शिक्षक, जादूगर—एक बड़े लेखक में तीनों के तत्त्व होते हैं, किन्तु 'जादू का तत्त्व' ही उसे महान बनाता है।

"मेरे विचार में एक उपन्यास को जाँचने की सबसे अच्छी कसौटी यह है कि उसमें कविता की आत्यन्तिकता और विज्ञान की अन्तर्दृष्टि, दोनों मौजूद हों। कला के जादू से सराबोर होने के लिए एक बुद्धिमान पाठक किसी उत्कृष्ट पुस्तक को सिर्फ़ दिल से नहीं, सिर्फ़ दिमाग़ से नहीं, बल्कि अपनी रीढ़ से छूता है, क्योंकि कला का आनन्द यहीं स्पन्दित होता है। नाबोकोव का पक्का विश्वास है कि वही लेखक जादूगर हो सकता है, जो सामान्य बुद्धि, व्यावहारिक समझ (common sense) को नष्ट करने का साहस कर सके। यह कॉमनसेंस ही है जिसने अजीब, सुन्दर चित्रों पर इसलिए कीचड़ उछाली, क्योंकि उनमें नीले पेड़ थे। कॉमनसेंस हर चीज़ को अवमूल्यित कर देती है। कॉमनसेंस चौकोर है जबकि जीवन की सबसे मूल्यवान चीज़ें गोल होती हैं—विश्व की तरह गोल, बच्चे की आँखों की तरह गोल, जब वह पहली बार सर्कस देखता है...हर व्यक्ति जो कॉमनसेंस को ठुकराकर चलता है, उसे सबसे ज़्यादा जोखिम उठाना पड़ता है, वह चाहे मसीहा हो, गुफा में छिपा जादूगर, क्षुब्ध कलाकार, स्कूल का शैतान लड़का—

सबको एक पवित्र क़िस्म के ख़तरे का सामना करना पड़ता है। ऐसे व्यक्ति अपने मन में एक बम लेकर चलते हैं, एक प्राइवेट बम..."

नाबोकोव का सुझाव है कि यह बम कॉमनसेंस के आदर्श नगर पर गिरा देना चाहिए, उसके विस्फोटन से जो लपटें निकलेंगी उसके प्रकाश में हम असली कला को पहचान सकेंगे। यह अतार्किक कल्पना की तर्कसंगत कॉमनसेंस पर सबसे बड़ी विजय होगी।

"अतार्किक कल्पना से मेरा क्या मतलब है? मेरा मतलब है, सामान्य के साम्राज्य पर छोटी तफ़सील की विजय; अंश हमेशा समग्र की अपेक्षा अधिक प्राणवान होता है; मेरा मतलब उन छोटी तफ़सीलों से है, जिसे मनुष्य सँजोकर रखता है, जबकि लोगों की भीड़ एक सामान्य प्रवृत्ति से मदमत्त होकर एक सामान्य लक्ष्य की तरफ़ भागती है। मैं उस आदमी का आदर करूँगा जो अपने पड़ोसी के जलते मकान में घुसकर छोटे-से बच्चे को निकाल लाता है, किन्तु यदि वह बच्चे के साथ उसके प्रिय खिलौने को भी ले आता है, तो उससे हाथ मिलाऊँगा। मुझे एक कार्टून याद है, जिसमें सात मंज़िल से नीचे गिरता हुआ आदमी तीसरी मंज़िल की दुकान के साइनबोर्ड को देखकर हैरान होता है कि उसके हिज्जे क्यों ग़लत हैं और अब तक किसी ने उन्हें ठीक क्यों नहीं किया? छोटी, नगण्य चीज़ों पर विस्मय करने की सामर्थ्य में ही आत्मा अपने स्वगत वचन बोलती है—ज़िन्दगी के नीचे लिखे इन फुटनोट्स में ही सबसे ऊँची चेतना की अभिव्यक्ति होती है—जो तर्क और कॉमनसेंस की होशियारी से बहुत अलग है।"

कहानीकार की प्रेरणा का क्या उत्स है; कौन-सा वह आत्मलोक है, जहाँ उसे अपने उपन्यास का पहला दृश्य दिखाई देता है? नाबोकोव इसका उत्तर स्मृति के अप्रत्याशित स्फुरण में खोजते हैं।

"एक आदमी चला जा रहा है। अचानक वह सीटी बजाने लगता है और उसी क्षण आपकी नज़र पानी के गड़हे में डोलती पेड़ की छाया पर पड़ती है...और तभी आपको एक पुरानी वाटिका की याद आती है, भीगे पत्तों और पक्षियों की याद, जिसमें एक पुराना मित्र (जो मुद्दत पहले मर चुका है) अचानक अतीत से बाहर निकलता हुआ दिखाई देता है—मुस्कराता हुआ, अपनी भीगी छतरी को बन्द करता हुआ...सारी चीज़ एक उज्ज्वल क्षण में घट जाती है, जिसमें बहते हुए दृश्य और इम्प्रेशन की गति इतनी तेज़ है कि आप समझ नहीं पाते, क्यों इस गड़हे को ही देखकर यह याद कौंध आई, सीटी की इस आवाज़ को सुनकर ही क्यों? और इन दो चीज़ों—आवाज़ और दृश्य—के सम्मिश्रण के नियम क्या हैं, जिन्हें मस्तिष्क नहीं समझ सकता लेकिन फिर भी एक अद्भुत जादू जैसा कँपकँपाता अनुभव होता है, जैसे भीतर किसी का पुनर्जन्म हुआ है—एक ऐसा रसायन, जिसने देखते-देखते एक मृत आदमी को जीवित कर दिया है। यह अनुभव ही उसका आधार है, जिसे हम प्रेरणा कहते हैं; सीटी की धुन, पत्ते, बारिश—इन सबके भीतर एक सहज क़िस्म का स्फुरण उत्पन्न होता है। यह उन लोगों को भी महसूस होता है, जो लेखक नहीं हैं, किन्तु कुछ लोग इसकी ओर ध्यान भी नहीं देते।"

नाबोकोव के इस उदाहरण में स्मृति एक अनोखी किन्तु अवचेतन भूमिका अदा करती है, जिसमें सब कुछ वर्तमान और अतीत के सम्पूर्ण गुम्फन पर निर्भर करता है। प्रेरणा इसे तीसरा आयाम देती है—अतीत और वर्तमान तो हैं ही—अब उसमें तीसरा तत्त्व—भविष्य भी शामिल हो जाता है—एक ऐसा समय, जिसमें कहानी का जन्म होता है। अतः एक क्षण की कौंध में समय अपना समूचा वृत्त बना लेता है जिसे हम यूँ भी कह सकते हैं कि समय का अस्तित्व ही ख़त्म हो जाता है।

"लगता है, जैसे समूचा विश्व आपके भीतर प्रवेश कर गया है और आप समूचे विश्व के भीतर घुल गए हों। अहं या ईगो की दीवार

सहसा ढह जाती है और अहं का इतर संसार बाहर से भागता हुआ भीतर के बन्दी को बचाने आ जाता है, जबकि वह—बन्दी—पहले से ही खुले में नाच रहा है।"

नाबोकोव ने अतार्किक ज्ञान की बात कही है—जिसमें पहेलियाँ हैं, लेकिन उत्तर नहीं। गोगोल के ग़रीब पात्र का ओवरकोट चुरा लिया जाता है और काफ़्का का इंश्योरेंस एजेंट अचानक एक सुबह एक कीड़े में बदल जाता है। इन सब घटनाओं का क्या मतलब है? हम काफ़्का की कहानी के सब कल-पुर्ज़े निकालकर भीतर झाँकें, क्या है इसका अन्दरूनी ढाँचा? हम यह पता चला सकते हैं, कैसे एक टुकड़ा दूसरे टुकड़े से जुड़ा है, कैसे कहानी का पैटर्न तैयार हुआ है किन्तु असली भेद की थाह लेने के लिए आपके भीतर कोई ऐसा अणु, कीटाणु होना चाहिए जो आपके भीतर होनेवाली उथल-पुथल का उत्तर दे सके, जिसे आप न परिभाषित कर सकते हैं, न नज़रअन्दाज़ कर सकते हैं। सौन्दर्य और दया—शायद इनके ज़रिये हम कला की परिभाषा के सबसे निकट आ सकते हैं। जहाँ सौन्दर्य है, वहाँ दया है, क्योंकि सीधी-सी बात यह है कि सौन्दर्य को मर जाना है। सौन्दर्य हमेशा मर जाता है, चीज़ के साथ रूप मर जाता है और दुनिया व्यक्ति के साथ मर जाती है।

और अन्त में नाबोकोव थोड़ा-सा झुककर लेखक की मेज़ पर नज़र डालते हैं :

> कोरे पन्ने पड़े हैं लेकिन चमत्कार की बात यह है कि सारे शब्द वहाँ हैं, अदृश्य स्याही में लिखे हुए, दृश्य बनने को आतुर। आप तसवीर का कोई भी पहलू उभार सकते हैं, कहीं से भी शुरू कर सकते हैं क्योंकि जहाँ तक लेखक की बात है,

> उसके लिए किसी भी क्रमबद्ध सिलसिले के कोई माने नहीं। क्रम इसलिए है क्योंकि शब्दों को एक-दूसरे के बाद अलग-अलग पन्नों पर लिखना पड़ता है। समय और सिलसिला लेखक के मस्तिष्क में नहीं है क्योंकि न समय ने, न स्पेस ने उसके प्रारम्भिक 'दृश्य' (vision) को निर्धारित किया था। अगर पुस्तक को हम वैसे ही पढ़ सकते, जैसे चित्र को देखते हैं—एक नज़र में—दाएँ और बाएँ, शुरू और अन्त के झंझट से मुक्त होकर—तो यह उपन्यास के रसास्वादन करने का आदर्श ढंग होता, क्योंकि सचमुच इसी ढंग से लेखक ने भी अपनी पुस्तक को गर्भाधान के क्षण में देखा था।
>
> अच्छा तो, अब वह लिखने के लिए तैयार है। अब वह सब ज़रूरी चीज़ों से लैस है। उसका फ़ाउंटेन पेन अच्छी तरह भरा है। घर ख़ामोश है; तमाखू और माचिस एक-दूसरे के साथ हैं; रात अभी जवान है...हमें उसे इस आरामदेह हालत में छोड़कर दबे पाँव बाहर आ जाना चाहिए, दरवाज़ा ओड़ देना चाहिए और घर से बाहर आते हुए यदि हमें कहीं अँधेरे में सीढ़ियों पर 'कॉमनसेंस' का राक्षस दिखाई दे जाए, यह बुड़बुड़ाता हुआ कि भीतर बैठे लेखक की पुस्तक सामान्य लोगों में लोकप्रिय नहीं होगी कि वह पुस्तक नहीं बिकेगी... तो इससे पहले कि वह इस शब्द 'बिक्री' को मुँह से निकाले, हमें इस झूठे कॉमनसेंस को गोली मार देनी चाहिए।

यह हैं 'लोलिता' के लेखक के उपन्यास-रचना पर विचार... लेकिन जैसे वह लेखक को उसके कमरे में छोड़कर बाहर आ गए थे, हमें भी नाबोकोव को उनके क्लासरूम में छोड़कर चले आना चाहिए, इस अफ़सोस और ईर्ष्या के साथ कि एक ज़माने में हम उनके छात्र नहीं थे, जिन्हें वह हर रोज़ साहित्य और कला के रहस्यमय, जादू-भरे मंत्र इतने प्यार और पागलपन के साथ समझाते थे।

रचना-यात्रा

सुलगती टहनी

मुँह-अँधेरे सीटी सुनाई देती है—घनी नींद में सूराख़ बनाती हुई—एक क्षण पता नहीं चलता, मैं कहाँ हूँ, किस जगह हूँ, कौन-सा समय है? आँखें खुलती हैं, तो ढेर-सा अँधेरा गटागट पीने लगती हैं, जैसे मुँह की प्यास आँखें बुझा रही हैं। याद आता है, मेरे नीचे मेरा स्लीपिंग बैग है, मेरी यात्राओं और यातनाओं को ढोता हुआ। मैं जाग गया हूँ—लेकिन मेरी समूची देह गरमाई के घेरे में सो रही है।

कुछ देर बाद आँखें अँधेरे में टोहती हुई एक-एक चीज़ पर ठहर जाती हैं—किताब, तिपाई, लालटेन, फूस का अधखुला दरवाज़ा, हवा में सरसराती छत। बाहर एक फुसफुसाता हुआ शोर है—रेंगती हुई आवाज़ों का रेला—जैसे हज़ारों पैर रेत को थपथपाते हुए चल रहे हैं। मैं हड़बड़ाकर अपना स्लीपिंग बैग समेटता हूँ। हाथों में रेत, मिट्टी, फूस के पत्तों को ठेलता हुआ दरवाज़ा खोलता हूँ, तो ठिठका-सा रह जाता हूँ।

चाँद दिखाई देता है। पूर्णिमा का पूरा चाँद, इलाहाबाद के क़िले पर ऊँघता हुआ। पिछली रात उसे गंगा के भीतर देखा था—एक सफ़ेद भुतैली परछाईं, एक झिलमिला-सा स्वप्न—अब समूची रात की यात्रा में थका हुआ वह क़िले के माथे पर चिपका था—एक गोल, सफ़ेद, मुरझाई बिन्दी—जिसे सिर्फ़ एक अँगुली से पोंछा जा सकता था।

"आप जाग गए?"

सच्चे महाराज का चौकीदार मुझे देखकर कुछ हैरान-सा हो जाता है। दरअसल जब से मैं आया हूँ, वह मुझ पर हैरान है। वह उन्नीस-बीस वर्ष का युवक, जो शायद बचपन में ही आश्रम में बस गया था। मैं जहाँ कहीं भी होता हूँ, वह अपनी फैली फटी-फटी आँखों से मुझे निहारता है—मैं क्या हूँ, यह वह नहीं समझ पाता—न मैं तीर्थयात्री लगता हूँ, न कल्पवासी—मैं उसे आधा हिप्पी, आधा जिप्सी-सा दिखाई देता हूँगा—जो अपने पाप-पुण्यों को एक डफल बैग में समेटकर कुम्भ मेले में भटकता है।

"आप भी संगम जाएँगे?" उसने सन्देह से मेरी ओर देखा।

"हाँ—इसीलिए आया हूँ," मैंने कहा, "यह सीटी कौन बजा रहा है?"

"पुलिस," उसने कहा, "यात्रियों को रास्ता दिखाना पड़ता है—बेचारे अँधेरे में भटक जाते हैं।"

दबी ठिठुरती आवाज़ें, भजन की कुछ पंक्तियाँ ठंडी रेत और भूरी चाँदनी पर उठती हैं, किसी बूढ़े स्नानार्थी का काँपता स्वर हवा में बहुत दूर तक रिरियाता रहता है। मैं पम्प को ढूँढ़ता हुआ आश्रम का चक्कर लगाता हूँ। लगता है, सब सो रहे हैं। हवा में ख़ाली झोंपड़ों के दरवाज़े सरसराते हैं, खुलते हैं, बन्द हो जाते हैं। सब कुटियों से अलग सच्चे महाराज की यज्ञशाला दिखाई देती है—पीले फूल के मंडप, एक छत पर दूसरी छत—जैसे कोई जापानी पैगोडा चाँदनी में चमक रहा हो!

मैं इस मेले में ख़ाली होकर आया था। सब कुछ पीछे छोड़ आया था—तर्कबुद्धि, ज्ञान, कला, जीवन का एस्थेटिक सौन्दर्य। मैं अपना दु:ख और ग़ुस्सा और शर्म और पछतावा और लांछना—प्रेम और लगाव—और स्मृतियाँ भी छोड़ आया था। मैं बिलकुल ख़ाली होकर आया था—ख़ाली और चुप—क्योंकि शब्द बहुत पहले किसी काम के नहीं रहे थे। चुप और अदृश्य। मैं अथाह भीड़ में अपने को अदृश्य पाना चाहता था।

कैम्प के बाहर आया तो असंख्य छायाएँ दिखाई दीं। बीच सड़क पर रेंगता हुआ प्रेतों का जुलूस। एक साल बाद मैं किसी जुलूस में निडर शामिल हुआ था।* यहाँ कोई डर नहीं, कोई अफ़वाह नहीं, कोई झूठ नहीं। छायाओं से डर कैसा? प्रेतों के बीच मैं एक प्रेत था। न मैं उनसे डरता था, न वे मुझसे। सुबह का अँधेरा—जिसमें किसी का चेहरा नहीं दिखाई देता था। कहते हैं, यह अँधेरा सबसे निबिड़, सबसे गहरा, सबसे ज़्यादा रहस्यमय होता है। डूबते चाँद की एक पतली, पीली परत झर रही थी—रेत के ढूहों पर, अखाड़ों की पताकाओं पर, फूस के झोंपड़ों पर। पीछे बाँध की बत्तियाँ, सामने झूँसी का मैदान—दोनों के बीच देवता हवा में उड़ते हुए जैसे वह जगह, वह बिन्दु, वह कोना ढूँढ़ रहे हों, जहाँ अमृत-घट को छिपा सकें। क्या वे अपने को असुरों की आँखों से बचा पाएँगे?

शायद यही ख़याल मेरे सहयात्रियों को मथ रहा है—वे कभी इधर देखते हैं, कभी उधर। सीधी सड़क गंगा की ओर जाती है, दाईं पगडंडीनुमा रेखा संगम की ओर। उनके शब्द, गाते हुए भजनों के कुछ पद, उनकी थकी हुई आहें, उच्छ्वास, छिटपुट बातें कानों में पड़ जाती हैं। लगता है, अँधेरे में मैं उनका चेहरा-मुहरा, वेश-भूषा न भी देख सकूँ तो भी सिर्फ़ शब्दों के उच्चारण, बातचीत के लहज़े से पता चला सकता हूँ कि कौन मध्य प्रदेश से आया है, कौन बिहार से, कौन राजस्थान से। किन्तु ऐसे भी शब्द हैं जिन्हें मैं बिलकुल नहीं समझ पाता, जो अँधेरे से निकलकर अँधेरे

* लेखक का संकेत इमरजेंसी की ओर है, जो उन दिनों भारत में लागू थी।

में लोप हो जाते हैं—अपने पीछे ख़ामोशी का एक दायरा छोड़ जाते हैं। मेरा सम्बन्ध इस ख़ामोशी से रहा है—चेहरों के पीछे कविता की लाइनों के बीच, अपने भीतर और अब—कुम्भ के मैदान में।

अब मैं देख सकता हूँ—अचानक उजाले में! पूर्व में एक छोटा-सा लाल पिंड, एक सुर्ख़ आँख-सा डिस्क। उसे देखकर मैं उसी तरह चौंक जाता हूँ, जैसे पहली बार बाइबल में यह वाक्य पढ़कर रोमांचित हो उठा था : 'लेट देयर बि लाइट एंड देयर वॉज लाइट'। मैंने कभी ऐसा आलोक नहीं देखा—और तब मुझे सहसा महसूस हुआ कि यह आज का दैनिक उजाला नहीं, कोई प्रागैतिहासिक आलोक है, जब दुनिया पहली बार अँधेरे से बाहर आई थी। मेले का मैदान एक घोंसले-सा धूप में औंधा पड़ा है—दूर गंगा को छूता हुआ। पीली-सफ़ेद बालू का द्वीप, जिसे गंगा एक कैंची की तरह काटकर आगे बढ़ गई है—जैसे जमुना की मन्थर गति से ऊबकर स्वयं बेचैनी में आगे बढ़कर छोटी बहन से मिल रही है।

मेरे सहयात्रियों को अब चैन कहाँ? गिरते-पड़ते भाग रहे हैं—एक युवा बंगाली लड़की अपनी बूढ़ी माँ के साथ घिसटती हुई, दोनों हाथों से उसे घसीटती हुई चल रही है—बग़ल में एक पोटली, हाथ में लोटा, आँखें सूरज और संगम के बीच उठी हुईं। बूढ़ी माँ की धोती बार-बार घुटनों तक उठ आती है, काली सींक-सी टाँगें थरथराती हुई आगे बढ़ती हैं—रेत पर धँसते पैर ऊपर उठते हैं, नीचे गिरते हैं।

मैं वहीं बैठ जाना चाहता था, भीगी काली रेत पर—असंख्य पदचिह्नों के बीच अपनी भाग्यरेखा को बाँधता हुआ। पर यह असम्भव था। मेरे आगे-पीछे अन्तहीन यात्रियों की क़तार थी—शताब्दियों से चलती हुई,

थकी, उद्भ्रान्त, मलिन—फिर भी सतत प्रवहमान। पता नहीं, वे कहाँ जा रहे हैं, किस दिशा में, किस दिशा को खोज रहे हैं, एक शती से दूसरी शती की सीढ़ियाँ चढ़ते हुए? कहाँ है वह कुम्भ-घटक जिसे देवताओं ने यहीं कहीं बालू के भीतर दबाकर रखा था? न जाने कैसा स्वाद होगा उस सत्य का—अमृत की कुछ तलछटी बूँदों का, जिसकी तलाश में यह लम्बी, यातना भरी, धूल-धूसरित यात्रा शुरू हुई है—हज़ारों वर्षों की लांग मार्च, तीर्थ अभियान, सूखे कंठ की अपार तृष्णा—जिसे इतिहासकार 'भारतीय संस्कृति' कहते हैं?

मुझे नहीं मालूम। मैं सोचता नहीं—सिर्फ़ घिसटता जाता हूँ, धक्के खाता, गिरता-पड़ता, एक-एक इंच आगे सरकता हुआ। गंगा मेरे साथ बह रही है—मटियाली, पीली, अपनी तेज़ धार से ख़ुद अपने टापू को काटती हुई। उसके सामने जमुना कितनी शान्त दिखाई देती है—एक नीली झील की तरह निस्पन्द, मूक, गम्भीर—जैसे उसे मालूम हो कि अब उसकी यात्रा का अन्त आ पहुँचा है—अब कोई भी छटपटाहट बेमानी है—अब गंगा की गोद में अपनी समूची थकान को डुबो देना है।

नहान पर्व की घड़ी—गोगबत्ती-सा जलता सूरज, जनवरी की सफ़ेद धुंभ पर पिघलता हुआ। अनेक प्रार्थनाओं से जुड़ा शोर—जो शोर नहीं है, न आवाज़ है, न कोलाहल—सिर्फ़ मनुष्य का अपनी आत्मा से एकालाप, जिसे सिर्फ़ बहता पानी सुन सकता है। यह पानी इन आवाज़ों को अपनी धड़कन में पिरोता हुआ किस विराट मौन सागर में लय हो जाएगा, कोई नहीं जानता। दोनों धाराओं के बीच एक-एक काली रेखा दिखाई देती है। मैं समझता हूँ, यह कोई दीवार है, संगम के बीच हिलती, घुलती, बदलती लाइन।

लोग आते हैं, लाइन में डुबकी लगाते हैं और फिर अपनी जगह दूसरों को दे देते हैं—और वह नर-सेतु ज्यों-का-त्यों क़ायम रहता है। हर क्षण बदलता हुआ, किन्तु अपनी सम्पूर्णता में स्थिर और गतिहीन।

अब एक भी क़दम उठाना असम्भव है। यहाँ भीड़ इतनी घनी है कि स्त्री-पुरुष गंगा की मटियाली धार में ही नहाने लगे हैं—संगम से दो गज़ इधर या उधर, क्या फ़र्क़ पड़ता है! पुलिस के सिपाही लाइन बनाकर खड़े हैं—तटस्थ, शान्त, ध्यानावस्थित। मैंने भारतीय पुलिस को इतना शान्त कम ही देखा है, इसलिए उत्सुकता से उनकी आँखों का अनुकरण करता हूँ और पाता हूँ कि समूची बटालियन अटेंशन की मुद्रा में नहाती हुई औरतों को देख रही है—रात-भर के जगे सिपाहियों को सुबह का यह दृश्य ज़रूर एक स्वप्न-सा जान पड़ता होगा।

तभी एक धक्का लगता है। एक पच्चीस-तीस वर्ष का युवक भीड़ को चीरता हुआ पुलिस इंस्पेक्टर के पास आ खड़ा हुआ है, गिड़गिड़ाते स्वर में कुछ कह रहा है।

"यहाँ साइकिल पर?" इंस्पेक्टर साहब आश्चर्य से युवक को देखते हैं। "आपको मालूम नहीं, यहाँ कोई भी वाहन नहीं आ सकता।"

"जी, मेरी बात तो सुनिए।"

उसकी बात सुनी तो पता चला कि उसके अस्सी बरस के बाबा सैकड़ों मील की दूरी से प्रयाग तो चले आए हैं, किन्तु अपनी झोंपड़ी से संगम पैदल चलकर नहीं आ सकते। क्या वह उन्हें साइकिल पर बिठाकर नहीं ला सकता?

इंस्पेक्टर थोड़ा नर्म पड़ते हैं। "अच्छा, ले आइए—लेकिन देखिए—उन्हें आपको अलग नहलाना होगा, साइकिल समेत नहीं।"

दस मिनट बाद उन्हें दुबारा देखता हूँ—वह एक पुरानी, जर्जरित साइकिल को घसीटता आ रहा है, पहिये बार-बार गीली रेत में रपट जाते हैं—वह घबराकर इधर-उधर देखता जाता है कि कोई दूसरा

सिपाही उसे न रोक ले। किन्तु पीछे कैरियर पर बैठा यात्री बिलकुल अटल और निश्चिन्त है—आँखें मुँदी हुईं, मुँह खुला हुआ, ठुड्डी पर थूक की लार बह रही है, नीचे लटकते पैर रेत पर रगड़ते जा रहे हैं, जिसका उन्हें कोई ध्यान नहीं। पूरी एक ज़िन्दगी साइकिल पर जी रही है। उन्होंने अपना सिर सीट पर रखी मैली पोटली पर टिका रखा है। साइकिल की चरमराहट में पता नहीं चलता कि ढीले कल-पुर्ज़ों की आवाज़ कितनी है, बूढ़ी हड्डियों की खटखटाहट कितनी। हर टूटी हुई साँस उन्हें अपनी यात्रा के अन्त की ओर ठेलती जा रही है।

कैसा अन्त? क्या कोई ऐसी जगह है जिसे हम 'अन्त' कहकर छुट्टी पा सकें? जिस जगह एक नदी दूसरी में समर्पित हो जाए और दूसरी अविरल रूप से बहती रहे, वहाँ अन्त कैसा? हिन्दू-मानस में कोई ऐसा बिन्दु नहीं जिस पर अँगुली रखकर हम कह सकें, यह शुरू है, यह अन्त है। यहाँ कोई आख़िरी पड़ाव, 'जजमेंट डे' नहीं, जो समय को इतिहास के खंडों में बाँटता है। नहीं, अन्त नहीं है और मरता कोई नहीं, सब समाहित हो जाते हैं, घुल जाते हैं, मिल जाते हैं। जिस मानस में व्यक्ति की अलग सत्ता नहीं, वहाँ अकेली मृत्यु का डर कैसा? मुझे रामकृष्ण परमहंस की बात याद हो आती है : "नदियाँ बहती हैं, क्योंकि उनके जनक पहाड़ अटल रहते हैं।" शायद इसीलिए इस संस्कृति ने अपने तीर्थस्थान पहाड़ों और नदियों में खोज निकाले थे—शाश्वत अटल और शाश्वत प्रवहमान—मैं एक के साथ खड़ा हूँ, दूसरे के साथ बहता हूँ।

वे जा रहे हैं—गंगा-तट सूना पड़ता जा रहा है। विधवाएँ, मरणासन्न बूढ़े, वह बंगाली लड़की जिसे सुबह के अँधेरे में देखा था। वे लौट रहे हैं।

सबके हाथों में गीली धोतियाँ, तौलिए हैं, गगरियों और लोटों में गंगाजल भरा है। मैं इन्हें फिर कभी नहीं देखूँगा। कुछ दिनों में वे सब हिन्दुस्तान के सुदूर कोनों में खो जाएँगे। लेकिन एक दिन हम फिर मिलेंगे—मृत्यु की घड़ी में आज का गंगाजल—उसकी कुछ बूँदें—उनके चेहरों पर छिड़की जाएँगी। आँख खुलेगी। सम्भव है, आज की सुबह बरसों बाद स्मृति पर अटक जाए—फूस के छप्पर, इलाहाबाद का क़िला, मेले पर उड़ती धूल—क्या याद आएगा? एक बूँद में कितनी स्मृतियाँ गले के भीतर ढरती जाएँगी! अंगूर का रस जिस तरह फर्मेंट होकर शराब बन जाता है, उसी तरह आज का यह पानी अरसे बाद अमृत बनेगा—हज़ारों स्मृतियों की धूप में पका हुआ, लेकिन अभी नहीं, अभी यह मैला पानी है जिसमें नायपॉल जैसे लेखक केवल मैल और गन्दगी देखते हैं। जो आदमी बाहर से देखता है, वह सिर्फ़ ऊपरी सतह देख पाता है, लेकिन ऊपर की सतह नीचे के मर्म से जुड़ी है—हम यदि कैंची से किसी अन्धविश्वास को काटेंगे तो उसके साथ सच्चे विश्वास का मर्म भी उधड़ आएगा। किसी भी संस्कृति की धूल उसकी आत्मा से जुड़ी होती है—एक को हटाते ही ख़ुद उसके मर्म का एक हिस्सा बाहर निकल आता है—ख़ून और मांस से लिथड़ा हुआ—ड्राइक्लीनर की उस चेतावनी की तरह जिसमें कहा जाता है कि कुछ धब्बे नहीं धोए जा सकते, क्योंकि उन्हें धोने से कपड़ा भी फट जाएगा। हम पायँचे उठाकर किसी संस्कृति के कीचड़ से क्यों न बच निकलें, दुर्भाग्यवश उसके सत्य से भी अछूते रह जाएँगे।

पर मैं कहाँ अलग हूँ! घंटों से हज़ारों यात्रियों को गाता, नहाता, प्रार्थना करता देख रहा हूँ—किन्तु मेरे भीतर कोई बिलकुल निस्संग और चुप है। मैं उनमें नहीं हूँ जो कीचड़ से भागते हैं, तो उनमें भी नहीं हूँ जो आसपास उसे देखते नहीं, उसमें रसे-बसे हैं। यह कौन-सी वर्जना है जो हर बार मुझे अन्तिम मौक़े पर पकड़ लेती है, अपने अकेलेपन की ओर खींचने लगती है? मेरा रिश्ता अपनी संस्कृति से वैसा ही है,

जैसा किसी व्यक्ति का यातनापूर्ण प्रेम में दूसरे से होता है—चाहना और निराशा से भरा हुआ—निराशा, जो धीरे-धीरे एक उदासीन, सुन्न क़िस्म की विरक्ति में बदल जाती है। इससे छुटकारा पाने के लिए ही मैं यहाँ चला आया हूँ, जैसे दूसरों को देखने से ही अपने को पा जाऊँगा—एक दर्शक, संवाददाता, कुम्भ के मैदान में भटकता हुआ एक रिपोर्टर।

सूरज चढ़ आया है—सर्दी की धूप में पीले ऊन का गोला। नीले आकाश में एक भी बादल नहीं। किनारे पर एक डंडी महात्मा दिखाई देते हैं। मैं उनके पास ही बैठ जाता हूँ। उम्र पचास के आसपास, चेहरा धँसा हुआ, सफ़ेद छितरी हुई दाढ़ी जो मूली के मुरझाए पत्तों-सी अनर्गल दीखती है। बिलकुल नंगे, एक लँगोट के अलावा कुछ भी नहीं। खाँस रहे हैं, थरथर काँप रहे हैं।

"शरीर में व्यथा है," उन्होंने कहा, "कई दिनों से देह तपती है।"

"कहाँ से आए हैं बाबा?"

"घूमता रहता हूँ। यहाँ मरने आया हूँ।"

वह निस्पन्द आँखों से गंगा को देख रहे हैं। बार-बार उनकी देह खाँसी के दौरे में छटपटाती है।

"क्या बहुत कष्ट है बाबा?"

"कष्ट झेलना चाहिए—मेरा कैसा कष्ट?" वह मेरी ओर देखते हैं—आँखों पर मैला-सा पानी तिर आता है। "वह कहानी नहीं सुनी—जब एक महात्मा के फोड़ा निकल आया। रात-भर दर्द में कराहते रहे। दूसरे दिन अपने शिष्य को भिक्षा के लिए भेजा। बेचारा भोला लड़का शहर में आया तो एक युवती दिखाई दी। वह पहले से ही उसकी प्रतीक्षा में खड़ी थी।

मुस्कराते हुए उसे भिक्षा दी। शिष्य स्तम्भित था। भागता हुआ जंगल आया—अपने गुरु से बोला—'महात्माजी, आपके शरीर में एक फोड़ा निकला और आप रात-भर दर्द में चीख़ते रहे। आपसे ज्ञानवान तो वह लड़की है, जिसकी छाती पर मैंने दो फोड़े देखे—फिर भी वह मुस्करा रही थी।' "

डंडी महात्मा हँस रहे हैं—खुला मुँह एक खोह की तरह खुला है, जिसके भीतर से एक बीभत्स-सी गों-गों बाहर आती है। वह हँसते हुए खाँस रहे हैं, खाँसते हुए रेत पर लोट रहे हैं—उनका नंगा शरीर एक काले मांस के लोथ की तरह ऐंठ रहा है—भग्न, टूटा, अस्थिपिंजर, जिसे किसी भी क्षण मृत्यु अपनी चोंच में दबाकर उड़ सकती है।

मैं आतंकित-सा होकर चारों तरफ़ देखता हूँ। मृत्यु? मैंने उसे पास से देखा है, दुपहर की तितीरी धूप में—रेत पर हाँफते हुए; कितने लोग यहाँ आख़िरी क्षण में साँस तोड़ने आते हैं। आकाश में उड़ती हुई चीलें उन्हें निहारती हैं—एक मांसल झपट्टे में सब कुछ ले जाने को आतुर—प्रेम, चाहना, रात के चुम्बन, एक आकांक्षा—अपनी सजीव, विराट, मांसल तृष्णा में प्रेम और मृत्यु कितने पास-पास सरक आते हैं!

मेले की पताकाओं से दूर—पुल के पार, छोटे-छोटे आलों-सी झोंपड़ियाँ खड़ी हैं। यहाँ कोई जल्दी नहीं, कोई हड़बड़ाहट नहीं। ये कल्पवासियों और तीर्थयात्रियों के झोंपड़े हैं—पूरी गृहस्थी में लदे हुए। बाँसों पर गीले कपड़े हवा में फरफराते हैं। ये लोग महीना-भर संगम के पास अपनी दुनिया बसाने आए हैं—मकर संक्रान्ति, अमावस्या की अँधेरी रात, रात और दिन यहीं सोएँगे। जागेंगे। नहीं, इन्हें मेरी तरह कोई जल्दी नहीं—

जो एक किनारे से दूसरे किनारे भागता है। वे उन लुटे-पिटे लोगों में नहीं हैं जो एक साल की जमा-पूँजी संगम की एक डुबकी में बहाकर घर लौट आते हैं। ये ज्ञानी, अनुभवी, गृहस्थ लोग हैं—मेरे अनेक मित्रों की तरह—जो दोनों दुनियाओं में एक साथ रहते हैं—अपना सुख इस दुनिया में प्रसाद की तरह लाते हैं—गंगा उसका एक अंश लेकर बाक़ी उन्हें लौटा देती है, जिसे वे दुबारा अपनी-अपनी पोटली में दबाकर लौट जाएँगे—कलकत्ता और दिल्ली और लखनऊ के घरों में। मैं उनसे ईर्ष्या करता हूँ, किन्तु उनके पास नहीं जाता। मैं कोई भी हूँ, उनमें नहीं हूँ...।

मैं मुड़ जाता हूँ। झूँसी और गंगाद्वीप के बीच पंटून पुलों पर धूल उड़ रही है। दुपहर की इस घड़ी में सब कुछ वीरान दीखता है—अखाड़ों के प्रवेश-द्वार ख़ाली पड़े हैं। दरवाज़ों के ऊपर रंग-बिरंगे फेस्टून चमकते हैं—उदासी, निरंजनी, वैरागी—वे एक विराट, प्रदर्शनी की दुकानें-सी दिखाई देती हैं—जैसे जनपथ पर कोई सरकारी नुमाइश चल रही हो! मैं प्रयाग में दिल्ली ढूँढ़ने नहीं आया—हाँ, कहीं अखाड़े दिखाई देते हैं, मुझे राजनीति का दुःस्वप्न घेर लेता है। एक सस्ता, व्यावसायिक स्वप्न, जिसे नारों में बेचा जाता है, धमकियों से ख़रीदा जाता है। मैं जिससे बचने यहाँ आया हूँ, उस फन्दे में दुबारा फँसना नहीं चाहता। मैं अपने साथ दुःस्वप्नों की एक पूरी गठरी उठाकर लाया हूँ—रात के पसीने में लथपथ डर, आशंकाएँ, महत्त्वाकांक्षाएँ। मैं कोई ऐसी जगह ढूँढ़ रहा हूँ जहाँ सबकी आँख बचाकर इस पोटली को रख सकूँ, छिपा सकूँ, मुक्त हो सकूँ।

कैसी मुक्ति? पीछे कोई हँसता है और मेरे पैर अनायास ठिठक जाते हैं। एक अजीब-सी कड़वी गन्ध हवा में उड़ रही है। सामने एक शिविर दिखाई देता है—राख और धुएँ में लिपटा हुआ। जलती हुई लकड़ियों पर धुँधली छायाएँ बैठी हैं—राख में लिपटी हुई, कृशकाय, उन तख़्तों की तरह सख़्त और सूखी, जो धुएँ के भीतर सुलग रहे हैं।

शिविर के भीतर—छप्पर के नीचे कीर्तन की एक मंडली है। चालीस-पचास लोग, जो अभी-अभी नहाकर आए हैं, थकी, क्लान्त धुन में गा रहे हैं। सामने सिंहासन पर एक भव्य स्थूलकाय स्वामी बैठे हैं—साफ़ चमकते जोगिया चोगे में लिपटे हुए। वह एक पद गाते हैं—उनके पीछे मंडली का समवेत स्वर दुहराता है—औरतों की महीन आवाज़ सबसे ऊपर है—एक उदास, सन्तप्त स्वर जो मुझे आर-पार भेद जाता है। कौन हैं ये लोग, यह स्वामी, बाहर बैठे धूनी रमाए नंगे साधु? एक सुन्दर युवा संन्यासी पास से गुज़रते हैं तो मैं उन्हें रोक लेता हूँ, एक साँस में सब जिज्ञासाएँ उड़ेल देता हूँ। वह एक क्षण नीरव आँखों से मुझे देखते हैं और फिर मेरा हाथ पकड़कर सिंहासन के सामने ले जाते हैं, स्वामीजी के कानों में कुछ फुसफुसाते हैं और तब सहसा स्वामीजी गाना बन्द कर देते हैं। मेरे गालों को सहलाते हैं। फूलों के बीच एक अमरूद—मैला, ज़रूरत से ज़्यादा पका अमरूद उठाकर मुझे दे देते हैं।

मैं बाहर आ जाता हूँ। कीर्तन फिर शुरू हो गया है—वही थकी, क्लान्त बुझी-बुझी आवाज़ एक पद से दूसरे पद में बह रही है। अजीब-सी निराशा घिर आती है—थकान और जलन और मरने की अदम्य आकांक्षा। दूर रेत पर गंगा की सफ़ेद धारा चमकती है। दुपहर की गर्म, किरकिरी उच्छ्वास दूहों पर उठती है और मैं सोता-सा बाहर आ जाता हूँ—बाहर, जहाँ वे हैं—चौकड़ी लगाए भस्मावृत्त पिंजर—नंगे, हड्डियों के ठूँठ, चमकती सुर्ख़ आँखें। चरस और गाँजे की तीखी गन्ध साँप की तरह डोलती है—उठती है—फूत्कारती हुई मेरी देह को भेद जाती है, 'बैठो, इन्हीं के साथ बैठ जाओ।' कोई मेरे भीतर कहता है : 'भूल जाओ। तुम मनुष्य हो, दिल्ली से आए हो, कहानियाँ गढ़ते हो, यूरोप घूमे हो—बैठ जाओ, इस धुएँ में देह और आत्मा अलग-अलग नहीं हैं—दोनों के बीच कोई पर्दा नहीं, कोई दीवार नहीं—एक दूसरे की प्रतिच्छाया है।'

देह की आत्मा वही है जो आत्मा की देह है—एक लपट में घुलती हुई, हवा में अपनी घुमड़ती पीड़ा की गाँठें खोलती हुई, जिसके भीतर एक गुठली है, एक स्वप्न, एक आलोकवृत्त—जन्म के चमत्कार से मृत्यु के रहस्य तक फैला हुआ—बैठो, भूल जाओ, तुम निरे मनुष्य हो—तुम एक पत्ता हो, एक टहनी, जानवर की स्निग्ध आँख, एक पत्थर, घास का एक तिनका—जब तुम मनुष्य नहीं, तब तुम सब कुछ हो, ईश्वर के पास हो, स्वयं ईश्वर हो...।

कैसी मुक्ति? कोई हँसता है और मैं चौंक जाता हूँ—दो चमकती आँखें मेरी आँखों पर चिपकी हैं—एक बौने साधु मेरी ओर हँसते हुए घूरते हैं और पलक मारते ही उलट जाते हैं—टाँगें ऊपर हवा में मुड़ी हुई, पीठ को छूती हुई, सिर कहीं पीछे बाँहों की गुंजल में छिपा हुआ, आग की लपट में जाँघों के पुट्ठे चमक रहे हैं—जैसे समूचा शरीर एक मांसपिंड में गुँथ गया है। मुड़ी हुई देह के अँधेरे से दो आँखें चमक रही हैं, मुस्करा रही हैं, 'मैं गर्भ हूँ। मैं अपने गर्भ में माँ हूँ। मैं अपनी माँ के गर्भ में लेटा हूँ।'

यह आवाज़ मेरे साथ चलती है और मुझे हल्का छोड़ देती है। एक ऐसा क्षण आता है जब हम अपने भीतर मरकर दुबारा जन्म ले लेते हैं। हम स्वयं अपने मिथक बन जाते हैं—जिसमें अतीत भी है और भविष्य भी—बर्फ़ के उन फूलों की तरह जिन्हें मैंने प्राग में वर्षों पहले देखा था, जो झरते हुए भी चारों तरफ़ बीती हुई गर्मियों की गर्मी बर्फ़ पर बिखेर देते हैं।

मैं हल्का हो गया हूँ। मेरे हाथ में सड़ा हुआ अमरूद है। मैं पुल पर चल रहा हूँ।

2

कुटिया के पीले अँधेरे में एक स्वर सुनाई देता है—मैं उठकर बैठ जाता हूँ। हवा और धूप में नहाते हुए स्वच्छ, उच्छल शब्द भीतर आते हैं।

सित सिते सरिते यत्र संगते
तत्राप्लुतासो दिव्युत्पतन्ति

मैं बाहर आता हूँ तो घास-फूस के पैगोडा-तले एक हृष्ट-पुष्ट, तेजस्वी चेहरा दिखाई देता है। शायद ही ऋग्वेद की ऋचाओं का इतना मधुर, ओजस्वी पाठ मैंने पहले कभी सुना हो। पाठ समाप्त होने पर मेरा परिचय वैदिक दामोदर शास्त्री जोगेलकर से कराया जाता है। वह कर्नाटक से प्रयाग आए हैं। सच्चे महाराज ने उन्हें विशेष रूप से कुम्भ पर्व पर ऋग्वेद का पाठ करने के लिए आमंत्रित किया है। बातों ही बातों में पता चलता है कि उनके पिता, पितामह भी वैदिक थे। वेद पाठ करके ही जीवन-निर्वाह करते थे। वह स्वयं बचपन से वेदों का अध्ययन करते आए हैं—अब यह उनका पेशा ही नहीं, 'पैशन' बन चुका है।

शाम होते ही यज्ञशाला में चहल-पहल होने लगती है। कुम्भ के यात्री घड़ी-दो घड़ी धर्मवार्ता के लिए यहाँ रुकते हैं, सच्चे महाराज के दर्शन करते हैं और फिर संगम की तरफ़ बढ़ जाते हैं। चाय के समय मुझे भी बुलाया जाता है। पता चला, सच्चे महाराज उस व्यक्ति से मिलना चाहते हैं जो दिल्ली से आया है। मैं स्वयं उनसे मिलने के लिए उत्सुक हूँ। मैंने उन्हें कभी नहीं देखा—सिर्फ़ उनके शिष्यों से पता चला था कि उनका आश्रम जमना पार अरैल में है। देश के सुदूर कोनों से उनके भक्त आते हैं। ग़रीब, अनाथ विद्यार्थियों की प्रचुर सहायता करते हैं। मेरे मित्र लक्ष्मीकान्त वर्मा पर उनकी विशेष कृपा है—यदि उनकी सिफ़ारिश न होती तो कुम्भ मेले के बीचोबीच रहने का सौभाग्य कभी प्राप्त न होता।

अब सोचता हूँ तो उनका सम्पन्न सौम्य चेहरा और विचित्र-सी हँसी याद आती है। वह एक ऊँचे तख़्त पर बैठे थे। हम कोई दस-पन्द्रह लोग होंगे। कोई औपचारिक प्रवचन नहीं, न कोई भाषण या उपदेश—शायद इसीलिए सब उनसे सहज भाव से बातचीत कर रहे थे। कुछ देर बाद उन्होंने मुझे देखा—दो-चार उड़ते-उड़ते प्रश्न पूछे—कहाँ-कहाँ घूम आया? कितने दिन रहूँगा? कोई कष्ट तो नहीं है? मैं सब उत्तर देता गया, किन्तु अन्तिम प्रश्न पर अटक गया। 'कष्ट' से उनका क्या मतलब है? कुम्भ मेले में रहने की कोई असुविधा या ज़िन्दगी में पड़ी कोई तकलीफ़? इच्छा होती है, उनसे कुछ पूछूँ—कोई प्रश्न, भीतर की कोई जिज्ञासा। पर अन्तिम मौक़े पर सब प्रश्न निरर्थक-से जान पड़े—जिस क्षण कोई प्रश्न उठता है, उसका उत्तर उसके साथ जुड़ा रहता है—दूसरा कुछ भी कहे, हम सिर्फ़ अपने उत्तर का ही पीछा करते हैं—चाहे वह कितना ही ग़लत या ख़तरनाक क्यों न हो!

नहीं, मैं उनसे कुछ भी नहीं पूछता। सिर्फ़ उनकी हँसी देखता रहता हूँ। वह हँसते हुए कुछ बोलते जाते हैं। मेले का कोलाहल बीच-बीच में बाहर से भीतर चला आता है—वह ठहर जाते हैं, शोर को गुज़र जाने देते हैं, फिर दुबारा वहीं से शुरू कर देते हैं जहाँ से आधी बात को अधूरा छोड़ दिया जाता था। कभी-कभी लगता है, उनके शब्द किसी निश्चित, बने-बनाए अर्थ की तरफ़ नहीं जाते, किन्तु फिर भी मैं मंत्रमुग्ध-सा उनके शब्दों को सुन रहा हूँ, उन्हें उनके मुँह से बाहर निकलता हुआ देख रहा हूँ, जैसे कोई बच्चा साबुन के बुलबुले उड़ाता है—सुन्दर, साबुत, चमकीले—फिर हठात एक छोटी-सी हँसी में वह उन्हें तोड़ देता है, बिखरा देता है, उड़ा देता है। लेकिन कभी-कभी उनका कोई एक वाक्य शब्दों की अराजकता में कौंध जाता है, अर्थ का एक पूरा पैटर्न दिखाई दे जाता है; "हमारे बाहर एक प्रवाह है," वह कह रहे हैं, "मनुष्य जब भटकता हुआ इस प्रवाह से एकात्म हो जाता है तो उसे

ईश्वर की प्राप्ति होती है। दरअसल ईश्वर कुछ नहीं, सिर्फ़ एक प्रवाह है, जो हमारे बाहर बह रहा है..."

सहसा वह हँसने लगते हैं—बनता हुआ तर्क बिखर जाता है, किन्तु उनके शब्द बहुत देर तक मेरे भीतर खटकते रहते हैं।

बाहर सचमुच एक प्रवाह है, किन्तु शायद वह नहीं जिसकी चर्चा सच्चे महाराज ने की थी। दुपहर को खुली धूप में एक उमड़ता हुआ ज्वार। निरंजनी साधुओं का जुलूस निकल रहा है। नीले आकाश-तले ध्वजाएँ फहराती हैं—बैंड और नगाड़े और हाथी पर बैठे ऊँघते-अलसाए मठाधीश, जो परी-कथा के राजा दिखाई देते हैं, जिन्हें हम बचपन में सिर्फ़ बादलों पर देखते थे, हाथी पर डोलते हुए, स्थूलकाय, मस्तमौला, स्वप्नदेश के अधेड़ और थलथल सम्राट।

हाथियों के पीछे एक सन्नाटा है, जिसमें नंगे, निरंजनी साधु चुपचाप चल रहे हैं—एक लम्बी क़तार में रेंगती हुई भस्मावृत्त, कृशकाय, गर्द और धूल में लिपटी छायाएँ। पता नहीं क्यों, उन्हें देखकर मेले की गहमागहमी नहीं, जंगल-पहाड़ों का वीरान अकेलापन याद हो आता है...।

अचानक एक घोड़ा बिदक जाता है—जुलूस के बीच एक कम्पन-सी दौड़ जाती है। वह एक तरफ़ भागता है, फिर दूसरी तरफ़—पहले क्षण मैंने सोचा था, घोड़े की यह उछल-कूद प्रदर्शन का ही एक हिस्सा है, किन्तु घुड़सवार जिस ग़ुस्से और आक्रोश में घोड़े को पीट रहा है, खींच रहा है, घोड़े की आँखें जिस काले आतंक में फट रही हैं, मुँह से झाग बह रहा है—उससे पता चलता है कि वह तमाशा नहीं, धूप में एक हताश जानवर की थरथराती देह है। किन्तु अगले क्षण घोड़ा ग़ायब हो जाता है—

साधुओं की एक नई क़तार आती है; उनके पीछे बैंड मास्टर हवा में बेंत हिलाता हुआ, फिर हाथियों का अगला झुंड, वे अपनी सूँड़ से एक-दूसरे के पाँवों को छूते हैं, चाटते हैं—घुड़सवार की 'आदिम' क्रूरता के बाद हाथियों का यह 'पाशविक' स्नेह कुछ अजीब-सा जान पड़ता है...।

दुपहर के ये क्षण मेरे लिए एक जादू लिये होते हैं...जुलूस के पीछे उड़ती धूल में मैं सबसे छिपता, आँख बचाता हुआ चलता हूँ। यह चमकदार घड़ी है जब अँधेरे कोनों में चमत्कार छिपे रहते हैं। सुबह के स्नान की हड़बड़ अब नहीं है—धर्म और पुण्य कमाने का उत्साह मन्द पड़ गया है। झोंपड़ों के बीच रस्सियों पर गीले कपड़े हवा में फरफराते हैं। बहुत दूर चीलें हैं, जो इलाहाबाद के शहर से उड़ती हुई मेले के आकाश पर मँडराती हैं...'वॉच टावर' पर सिपाही ऊँघते हैं—यह मेले की 'स्टिल लाइफ़' घड़ी है, मौन, निस्तब्ध, ठहरी हुई।

लेकिन ख़ास इस घड़ी में जादू छिपा रहता है...जलती रेत और धूप से बचता हुआ मैं अखाड़ों के भीतर चला जाता हूँ—ये कुम्भ मेले के अस्थायी आश्रम हैं, चारों तरफ़ छोटी-छोटी आरामदेह कुटियों के भीतर एक ठंडी छाँह बिछी रहती है। उन्हें देखकर यूरोप की मध्यकालीन मॉनेस्टरी की कोठरियाँ याद आती हैं, जिनमें भिक्षुक अपना समूचा जीवन बिता देते थे। ये कुटियाँ भी ख़ाली नहीं हैं—जुलूस ख़त्म होते ही थके-माँदे इनमें अपने-अपने कोने छाँट लेते हैं। मैं कभी-कभी झाँककर देखता हूँ—तो कोई अधलेटा; कोई बैठा, कोई सोता हुआ शरीर दिखाई दे जाता है।

पीछे की तरफ़ एक छोटे-से तम्बू में रसोई सुलग रही है। यहाँ विदेशी हिप्पी दिखाई देते हैं—खुली धूप में पसरे हुए—सिरहाने के पास एक गिटार, कुछ किताबें? स्लीपिंग बैग। लेकिन भक्तों की असली भीड़ अखाड़े के अन्तिम सिरे पर है, जहाँ एक लम्बा तख़्त दरियों और तकियों से अटा पड़ा है—ऊपर चौकी पर वही मठाधीश बैठे हैं जिन्हें

जुलूस के आगे-आगे हाथी पर देखा था। सिंहासन के नीचे नंगी सड़क पर निर्धन, फटेहाल, लुटे-पिटे आदमियों की लम्बी पाँत बैठी है—भूखी उत्तप्त आँखों से ऊपर सिंहासन को निहारती हुई। एक क्षण समझ में नहीं आया, वे कौन हैं, कहाँ से आए हैं? वे इस अखाड़े के साधु नहीं थे—किन्तु भिखारी भी नहीं जान पड़ते थे—एक क़िस्म के धार्मिक प्रोलितारियत—जिन्होंने अपनी दुनिया छोड़ दी थी, किन्तु जिन्हें अभी तक किसी मठ या सम्प्रदाय की दुनिया में स्थान नहीं मिला था।

उन दिनों सूनी दुपहरों में अखाड़ों के चक्कर लगाता हुआ मैं अक्सर 'त्याग' के बारे में सोचा करता था—जिसे कृष्ण ने बार-बार दुहराया है। जीसस क्राइस्ट के ये शब्द अक्सर झिंझोड़ जाते थे : 'सब कुछ छोड़कर मेरे पीछे चले आओ—एक ऊँट सुई के छेद से बाहर निकल सकता है, किन्तु एक धनी पुरुष स्वर्ग नहीं जा सकता', किन्तु साधुओं, महन्तों, मठाधीशों की भीड़ में मुझे लगता था कि वे एक दुनिया के बन्धन काटकर दूसरी दुनिया के जंजाल में इतना फँस गए हैं कि ईश्वर का वहाँ कहीं पता नहीं चलता था। फॉस्टर ने एक बार कुछ लेखकों के बारे में कहा था कि वे आधी आँख से रॉयल्टी को देखते हैं, आधी आँख से यश-ख्याति को, आधी आँख अख़बारी आलोचना पर टिकी रहती है—शेष चौथाई आँख से साहित्य रचते हैं।

कुछ लोग ईश्वर के लिए सिर्फ़ 'चौथाई आँख' इस्तेमाल नहीं करते क्या?

एक बार मैंने अपनी यह जिज्ञासा एक उदासी बाबा के सामने रखी थी। उनका उत्तर बहुत कुछ कैथोलिक चर्च के अनुयायियों से मिलता-जुलता था। "यदि मठ नहीं रहेंगे तो ईश्वर और सांसारिक लोगों के बीच कौन कार्यकलाप करेगा? हम एक तरह से मिडलमैन हैं—लौकिक और पारलौकिक के बीच," यह कहकर उन्होंने अखाड़े की सीमा पर बैठे नंगे साधुओं की ओर देखा, जो लकड़ी जलाकर बैठे थे।

"इन्होंने सब कुछ छोड़ दिया है," उन्होंने कुछ उदास स्वर में कहा, "ये हमारी तरह नहीं हैं—इसीलिए इनके खाने-पीने की व्यवस्था हम करते हैं।"

पता नहीं, उनकी बात में कितना सत्य था, किन्तु उनकी बात में उन साधुओं के प्रति हल्की-सी ईर्ष्या ज़रूर थी जो सब छोड़कर अँधेरी, ठंडी रात में नंगे ठिठुर रहे थे।

एक दूसरी दुपहरी याद आती है।

मेले में घूमता हुआ अनजाने में ही मैं पंडाल में चला आता हूँ। भीतर तो चला गया, पर आगे जाने का साहस नहीं हुआ। चारों तरफ़ साधु-महन्तों की टोलियाँ घूम रही थीं। सौभाग्यवश मुझे किसी ने नहीं देखा। धीरे-धीरे मैं एक भव्य रंगीन ईंट, सीमेंट की इमारत के सामने चला आया। चार सीढ़ियाँ ऊपर चढ़कर देखा—एक बड़ा हॉल—ऊपर मंच पर गद्दी के सहारे जोगियाधारी प्रधान बैठे थे—ऊँचा क़द, बहुत रौबीला, तेजवान व्यक्तित्व, सिर मुँड़ा हुआ। नीचे दरियों पर दस-बारह साधु बैठे थे—दो शाख़ाओं में बँटे हुए—एक टोली महाराज के दाईं ओर, दूसरी बाईं ओर—मैंने सोचा, कोई प्रवचन चल रहा है। इसलिए पीछे की पंक्ति में मैं भी बैठ गया।

मुझे अपनी ग़लती पता चलते देर नहीं लगी। प्रवचन, उपदेश की जगह एक अजीब अद्भुत मंत्रणा चल रही थी। सब लोग बहस में इतने तल्लीन थे कि किसी को मेरी ओर देखने की फ़ुरसत नहीं थी। हवा में करकराती उत्तेजना थी। प्रस्ताव रखे जाते, विवाद होता, संशोधन पेश होते और ठुकरा दिये जाते। जहाँ तक समझ पाया, स्वामीजी का मठ किसी दूसरे मठ को मान्यता देने से इनकार कर रहा था—

प्रतिद्वंद्वी मठ के प्रतिनिधि उन्हें मनाने की कोशिश कर रहे थे। स्वामीजी कुछ ऊँचा सुनते थे। जब दूसरे दल का कोई डेलीगेट उनसे प्रश्न पूछता था तो एक शिष्य स्टेनोग्राफ़र जल्दी-जल्दी स्लेट पर खड़िया से प्रश्न लिख लेता था। स्वामीजी स्लेट पर एक निगाह डालते और अपनी ज़िद्दी, उद्धत भंगिमा में गरजती, गूँजती आवाज़ में उत्तर देते। यह चक्र बहुत देर तक चलता रहा—प्रश्न पूछा जाता, स्लेट दिखाई जाती और स्वामीजी गरजने लगते। एक क्षण भ्रम हुआ, मैं किसी साधु-आश्रम में नहीं, दिल्ली के किसी डिप्लोमेटिक मंडल में बैठा हूँ—मैं भूल गया, बाहर गंगा का रेतीला तट है, यात्री भजन गाते हुए संगम की ओर जा रहे हैं, मैं प्रयाग में कुम्भ मेले के बीच बैठा हूँ...।

पता नहीं, अन्तिम निर्णय क्या हुआ—जब मैं बाहर आया, भीतर बहस तब भी चल रही थी।

मैं भी कोई निर्णय नहीं ले पाता। हज़ारों अनुभवों में कौन-सा अधिक सही और प्रामाणिक है, इसके लिए कोई तराज़ू नहीं ढूँढ़ पाया है। क्या उस रात का अनुभव भूल पाऊँगा जब मैं रास्ता भूल गया था। मुख्य रास्ते से भटककर मैं एक ऐसे रहस्यमय जगत् में पहुँच गया था जिसे 'कुम्भ का अंडरवर्ल्ड' कहा जा सकता है—ठंडी रात, नीचे लेटी हुई पोटलियाँ, जिनकी साँसों से ही पता चल पाता था कि वे ढूह नहीं, देह हैं—जीवित तीर्थयात्री, जो दो कैम्पों के बीच बसेरा कर लेते थे। कभी-कभी सोई हुई छायाओं के बीच रिक्शा दिखाई देता—यात्री जल्दी-जल्दी अपना सामान उतारते—बच्चे, औरतें, आदमी पूरा परिवार अपने-अपने कन्धों पर गठरिया सँभाले भागते जाते और देखते-देखते अँधेरे में ग़ायब हो जाते। लगता, जैसे भव्य, विराट, सुसज्जित अखाड़ों के पीछे सँकरी गलियाँ हैं : अँधेरे कोने, जहाँ सैकड़ों परिवार रात-भर ठिठुरते हुए अगली सुबह की प्रतीक्षा में बैठे रहते हैं—न कोई उन्हें देखता है, न उन्हें आँकड़ों में शामिल किया जाता है। यहाँ न कोई लैम्प-पोस्ट थे,

न आग की लपटें—यह विश्वास करना असम्भव था कि मैं किसी रेगिस्तान में नहीं, कुम्भ मेले के बीच हूँ, जहाँ सीटी बजाने ही से पुलिस दौड़ी आएगी। पता नहीं, वह कैसा उजाड़ भुतैला कोना था, जहाँ मैंने घर लौटने का सीधा-सादा रास्ता खो दिया था?

कुछ आवाज़ें सुनीं तो ठिठक गया। पाँच-छह तम्बुओं का एक कैम्प था, जहाँ आगे की तरफ़ दो बाँस खड़े थे, जिन पर लाल कपड़े का फस्टून बँधा हुआ था—उस पर किसी मठ का नाम लिखा होगा, जिसे अँधेरे में पढ़ पाना असम्भव था। लालटेनों के मद्धिम काँपते आलोक में कुछ चेहरे दिखाई दिये, तो अनुमान लगाया कि सिख साधुओं के किसी पड़ाव में चला आया हूँ। मैं बाहर निकलने के लिए रास्ता टटोल रहा था कि अचानक किसी ने धीरे से मेरे कन्धे पर हाथ रख दिया।

"गुरुजी से मिलने आए हैं?"

अँधेरे में चेहरा दिखाई नहीं दिया, किन्तु स्वर में सहज मधुरता थी। "कहाँ हैं?" मैंने तनिक जिज्ञासा से पूछा।

वह मुझे तम्बुओं के बीच टेढ़े-मेढ़े रास्ते से ले जाने लगे। एक बार इच्छा हुई, पीछे मुड़कर भाग जाऊँ—अँधेरे में पता भी नहीं चलेगा। लेकिन मेरे गाइड के क़दमों में इतना विश्वास था कि वह मुझे भी छू गया। आख़िर वह एक शिवालानुमा तम्बू के सामने खड़े हो गए—भीतर लालटेन जल रही थी और सुनहरे तख़्तपोश पर एक बूढ़े—बहुत बूढ़े सरदार साहब बैठे थे। लम्बी सफ़ेद दाढ़ी, झुर्रियों से भरपूर चेहरा, आँखें अधमुँदी हुई। वह किसी रियासत के ज़मींदार और कहीं बहुत पहुँचे हुए संत—दोनों ही एक साथ दिखाई देते थे।

वह बातें कर रहे थे—या शायद यह कहना ज़्यादा सही होगा कि वह सुन रहे थे—दो हट्टे-कट्टे जवान शिष्य आपस में बातचीत कर रहे थे और गुरु महाराज आँखें मूँदे चुपचाप सिर हिलाते जा रहे थे। बातें कुछ अजीब थीं और गुरुजी की चुप्पी उससे भी ज़्यादा अजीब।

मुझे कुछ ऐसा लगा कि बूढ़े सरदार साहब को हाल ही में उस संघ का प्रधान बनाया गया था। बहस इसी 'चुनाव' को लेकर चल रही थी।

"आप बुरे फँस गए," पहले शिष्य ने गुरुजी को सुनाते हुए कहा, "आपसे यह काम-धाम नहीं सँभलेगा। ज़रा अपनी उम्र भी तो देखिए।"

"नहीं, नहीं, क्या कहते हो!" दूसरे जवान ने तड़ाक से उत्तर दिया, "बूढ़े हैं तो क्या, इनमें बड़ी शक्ति है। हमने ख़ूब सोच-समझकर इन्हें चुना है।"

गुरु महाराज तटस्थ मुद्रा में सिर हिलाते रहे।

"शक्ति ख़ाक है..." पहले ने कहा, "मिट्टी के माधो हैं, एक चोट पड़ी नहीं कि वहीं ढेर हो जाएँगे।"

"कौन है चोट मारनेवाला?" दूसरे ने कुछ खीजकर कहा, "हमारे महाराज ऊपर से भोले दीखते हैं—भीतर से बम के गोले हैं। सारी माया देखे हैं—कोई हाथ तो लगाए भला!"

सरदार साहब ख़ामोश—जैसे उन्हें अपने शिष्यों के झगड़े से कोई सरोकार नहीं! मानो वे दोनों उनकी नहीं, किसी अजनबी, किसी अदृश्य प्राणी की चर्चा कर रहे हों!

बाहर हवा में झोंके से तम्बू हिलने लगा। उड़ती हुई रेत का रेला भीतर चला आया। उनका ध्यान भटक गया, आँखें खुल गईं, जैसे किसी अज्ञात झटके से वह दुबारा इस धरती पर लौट आए हों! निगाहें मुझ पर पड़ीं तो कुछ चौंक-से गए—जैसे अभी तक उन्हें मेरी उपस्थिति का ज्ञान न हो। फिर सँभल गए। एक महीन-सी व्यथा चेहरे पर सिमट आई। असंख्य झुर्रियों के बीच रास्ता बनाती हुई एक लम्बी साँस ली, जैसे अब आ गया हूँ तो मुझे बाहर नहीं धकेला जा सकता।

"कहाँ से आ रहे हो?" उन्होंने बहुत धीमे स्वर में पूछा—शायद दोनों शिष्यों से बचकर वह मुझसे बात करना चाहते थे।

मैंने अपना और अपने शहर का नाम बताया। न जाने कैसे उस अजाने तम्बू के नीचे उन बूढ़े सरदार साहब को देखकर मेरा दिल क्यों भीग गया! मैं उनसे कहना चाहता था कि उनके दर्शन से मुझे कितनी महान शान्ति मिली है—एक ऐसा सकून जो शायद केवल उन लोगों को मिल पाता है जिनके माँ-बाप पहले गुज़र चुके हों—लेकिन उनकी निर्विकार चुप्पी, उनकी विरल, सूखी-सी तटस्थता के सामने चुप रहना ही बेहतर जान पड़ा।

"क्या मुझे पहले कभी देखा है?" उन्होंने अचानक पूछा।

"नहीं सरदार साहब," मैंने कहा।

"मुझे सरदार साहब मत कहो," उन्होंने कहा। वह बहुत देर तक मेरी आँखों में, आँखों के भीतर कुछ टोहते रहे।

"नहीं देखा—तो यहाँ कैसे चले आए?"

"मैं सैर के लिए गंगा की तरफ़ गया था। वापस लौटते हुए रास्ते से भटक गया...आपके शिष्य मुझे यहाँ ले आए," मैंने कहा।

"ओह!"

उनकी घनी सफ़ेद दाढ़ी हिली—आँखें मुझ पर टिकी रहीं। फिर पीछे हाथ रखकर चौकी से उठ खड़े हुए...सहसा वह मुझे बहुत लम्बे दिखाई दिये; या शायद तम्बू की छत इतनी नीची थी कि उनका क़द मुझे विराटकाय-सा जान पड़ा। इतनी लम्बी उम्र के बावजूद वह एक सीधी कमान की तरह खड़े थे—और तब वह मुझे सहसा टॉल्स्टॉय से जान पड़े, जैसा सागर के तट पर गोर्की की आँखों ने उन्हें देखा था।

"मैं अभी आता हूँ," उन्होंने अपने शिष्यों से कहा, जो हम दोनों से बेख़बर अभी तक अपने विवाद में उलझे थे।

बाहर आए, तो तेज़ हवा का झोंका हड्डियों को बरफ़ा गया। समूचा आकाश तारों से भरा था। वह तेज़ क़दमों से चल रहे थे—अँधेरे में लम्बे-लम्बे डग भरते हुए। पता नहीं, उन्होंने कौन-सा रास्ता पकड़ा

कि कुछ ही देर में हम तम्बुओं, गलियों और रेत के ढूहों से निकलकर ख़ाली सड़क पर चले आए। वह एक लैम्प-पोस्ट के नीचे खड़े हो गए। मेरे कन्धे पर हाथ रखा।

"कभी मुझे पहले देखा है?"

इस बार विस्मय से मैंने उन्हें देखा। उनके स्वर में अजीब-सा आग्रह था। हवा में उड़ती लम्बी, सफ़ेद दाढ़ी—लेकिन आँखें उदास और विरक्त—जैसे मृत्यु से पहले ही उन्होंने अपना चोला उतार दिया हो, अपनी देह को एक छिलके की तरह अलग कर दिया हो, "अकेले चले जाओगे—या तुम्हारे साथ आऊँ?"

"नहीं, नहीं..." मैंने हड़बड़ाहट में कहा, "आप तकलीफ़ न करें—मुझे अब रास्ता मालूम है।"

वह मुड़ गए—मैं उन्हें धन्यवाद दे सकूँ, इससे पहले ही वह तम्बुओं के बीच अँधेरे में खो गए।

मैं देर तक बीच सड़क पर खड़ा रहा। पीछे संगम, सामने बाँध की रोशनियाँ, बीच में कुम्भ के हज़ारों सोते तीर्थयात्री। अपने कैम्प की तरफ़ चलते हुए एक अजीब-सा विचार आया—शायद मैंने उन्हें कभी देखा है, तभी वह बार-बार पूछ रहे थे। लेकिन कहाँ? शायद मेरी धुँधली स्मृति में वह कहीं जीवित थे, जबकि स्वयं मुझे इसका कोई ज्ञान नहीं। तभी उन्हें देखते ही मुझे सहसा इतनी शान्ति मिली थी जैसे इतने दिनों से मैं उनसे मिलने की ही बाट जोह रहा था।

मैंने सोचा था, यह घटना किसी से नहीं कहूँगा। किन्तु जब श्रीनिवास मिले तो मैंने उन्हें सब कुछ बता दिया—यों भी निरे अजनबियों से अपने मन की बात कहना ज़्यादा सहज होता है। मेरे लिए स्वयं श्रीनिवास से मिलना एक अद्‌भुत संयोग था।

3

वह मेले में मेरा अन्तिम दिन था। मैं अखाड़ों, जुलूसों की भीड़ से छुटकारा पाने के लिए गंगा द्वीप पर चला आया था। शाम के समय लोग अक्सर भजन, कीर्तन, कथा, वार्ताओं में चले जाते थे—गंगा का तट सूना पड़ जाता था। सिर्फ़ कहीं कोई साधु, कोई सिपाही, कोई कल्पवासी दिखाई दे जाता था। मन्दिर की घंटियों का स्वर, जलती लकड़ियों का धुआँ, जनवरी की धुंध, सब एक में उलझकर अकेलेपन का अलग टापू बना देते थे—गंगा के द्वीप की अन्त:छाया-जैसा—एक बाहर, दूसरा भीतर। दोनों को जोड़नेवाले पुल कहीं अँधेरे में छिपे रहते।

"आपके पास सिगरेट है?"

मैं हल्के-से चौंक गया। एक व्यक्ति मेरी बग़ल में बैठा था। पहले सोचा, कोई भिखारी है, जो शाम के समय, पुलिस की आँख बचाकर, अकेले यात्रियों से कुछ-न-कुछ झाड़ लेते हैं। लेकिन सिगरेट देते हुए उनका चेहरा पास से दिखाई दिया। ग़लती पता चलते देर न लगी। वह कोट, पतलून पहने थे। गले में ऊनी मफ़लर था। मध्यवर्गीय परिवार के कोई अधेड़ सज्जन जान पड़ते थे।

"आदमी बड़ी चीज़ें छोड़ देता है। लेकिन छोटी-मोटी आदतें चिपकी रहती हैं।" वह सिगरेट सुलगाकर हँसने लगे, "देखिए—तीन दिन से हाथ नहीं लगाया। अब आपको सिगरेट पीता देखकर अपने को नहीं रोक सका।"

"यहीं प्रयाग में रहते हैं?" मैंने पूछा।

"नहीं, कोटा से आया हूँ। इस मेले का बहुत दिनों से इन्तज़ार था।"

"इन्तज़ार कैसा?"

"बस, वैसे ही। बहुत-बहुत वर्षों से घर छोड़ने का विचार आता था, लेकिन हिम्मत नहीं बटोर पाता था। कुछ दिन पहले एकाएक फ़ैसला कर लिया; कुम्भ नहाने जाऊँगा और वापस घर नहीं लौटूँगा।"

मैं विचलित-सा हो गया। डूबती रोशनी, रेत, गंगा—क्या आदमी इन्हें छोड़कर दुनिया को छोड़ सकता है?

"घर में बताकर आए हैं कि आप नहीं लौटेंगे?" मैंने पूछा।

"नहीं..." वह धीरे से मुस्कराए, "वे सब यही समझे हैं कि कुम्भ नहाने के बाद लौट आऊँगा...कुछ दिन मेरा इन्तज़ार करेंगे, फिर आदी हो जाएँगे।"

कुछ देर तक हम दोनों चुप बैठे रहे। गंगा की बहती आवाज़ में सब कुछ बहता जान पड़ा। ख़याल आया, इस मेले में रोज़ हज़ारों तीर्थयात्री दिखाई देते हैं, किन्तु हर व्यक्ति का अपना अतीत और इतिहास है—न जाने, वे यहाँ कौन-सी पीड़ा छोड़ने आए हैं, किस पाप और अभिशाप से मुक्ति पाने की छटपटाहट उनके भीतर छिपी है—यह हममें से कोई नहीं जान पाएगा...सिर्फ़ संगम ही एक खिड़की है, जिसके पीछे हम सब 'कन्फ़ेस' करते हैं—दो नदियाँ उस रहस्य को अपने पल्लों में हमेशा के लिए बन्द करके आगे बह जाती हैं और हम ख़ाली और मुक्त और हल्के होकर लौट आते हैं।

किन्तु ऐसे भी लोग हैं जो कुम्भ यात्रा में आख़िर तक अमृत की खोज में चलते रहेंगे—वे कभी घर नहीं लौटेंगे।

"आप क्या करते हैं?" उन्होंने मुझसे पूछा।

मैं एक क्षण हिचकिचाया—आज भी अपने को 'लेखक' कहने से घबराता हूँ, हमेशा अपने को 'रिपोर्टर' कहना चाहता हूँ, अपने को वही समझता भी हूँ।

"क्या रिपोर्ट करेंगे?" उन्होंने मुस्कराते हुए पूछा।

मैं उन्हें सरदार साहब के बारे में बताता हूँ, जिन्हें अचानक आधी रात के समय मैं मिला था।

"क्या ऐसा सम्भव है कि कोई अजनबी आदमी आपको जानता है और आप उससे पहली बार मिल रहे हों?" मैंने पूछा।

श्रीनिवास (उनका यही नाम था) एक क्षण सोचते रहे, फिर धीरे से बोले, "सम्भव है, बहुत पहले कभी आपको देखा हो! मैं ख़ुद कभी-कभी सोचता हूँ कि बरसों बाद संन्यासी के वेश में क्या मेरी पत्नी या पुत्र मुझे पहचान पाएँगे?"

"क्या आपने सचमुच संन्यास लेने का फ़ैसला कर लिया?" मैंने कहा।

"संन्यास बड़ी चीज़ है..." उन्होंने एक लम्बी साँस ली और उठ खड़े हुए। "लेकिन घर छोड़ने का फ़ैसला ज़रूर ले लिया है। मैं नये सिरे से ज़िन्दगी शुरू करना चाहता हूँ।"

मैं उनकी ओर देखता हूँ—जैसे उनके शब्दों को मुट्ठी में भींचकर विश्वास करना चाहता हूँ कि कोई ऐसा क्षण है जिसके परे आदमी नये सिरे से जी सकता है, अपनी पुरानी ज़िन्दगी, स्मृतियों, ग़लतियों और पछतावों को गंगा के किनारे रेत में दबाकर कहीं भी जा सकता है, कहीं से भी दुबारा शुरू हो सकता है। लेकिन फिर? फिर कोई गारंटी है कि वह वही ग़लतियाँ, अपराध और पाप नहीं करेगा जो उसे आज यहाँ घसीट ले आए हैं? क्या मनुष्य एक ज़िन्दगी में 'रफ़' और 'फ़ेयर' मसौदे रख सकता है?

डूबते सूरज की पीली छाँह रेत पर गिर रही थी। हज़ारों पैरों के निशान बुझती धूप में चमक रहे थे। पहली बार मुझे उस लैंडस्केप का बोध हुआ जहाँ मैं और श्रीनिवास खड़े थे। वह एक अद्‌भुत पवित्रता का अहसास था। अरैल के किनारे एक बादल जमुना-पार उठा था। सूरज रँगा एक पर्दा, जिसे झोंपड़ों से उड़ता हुआ धुआँ पोंछ रहा था। नीचे गंगा के किनारे एक रक्तिम, सुर्ख़ सैलाब-सा उमड़ आया था—रेत पर खिंची ख़ून की लकीर जो सूर्यास्त के फटे रंगों से बाहर बह निकली थी। शायद वैदिक आर्यों ने ऐसी ही शाम उसे देखकर समझा होगा—एक ऐसी नदी, जो हवा, शाम की छाया और धूप के मायावी रंगों से मिलकर

बनी है—सरस्वती, गंगा और यमुना का एक सामूहिक स्वप्न—जिसे किसी क्षण दोनों ने एक साथ सोते हुए देखा होगा...।

सोचता हूँ, कुम्भ का महत्त्व क्या इसी स्वप्न, इस कल्पनाशील बोध, पवित्रता के इस दैवी अहसास में ही तो निहित नहीं है? कुछ देर बाद अँधेरा हो गया। श्रीनिवास ने विदा माँगी—वह अरैल की किसी झोंपड़ी में रहते थे।

"जीता रहा तो अगले कुम्भ में मिलेंगे," उन्होंने कहा।

"यहाँ से कहाँ जाएँगे?" मैंने पूछा।

"अभी कुछ भी नहीं सोचा है। इतना बड़ा हिन्दुस्तान है, कहीं-न-कहीं शरण मिल जाएगी।"

उनके स्वर में एक अजीब-सी उदासी उभर आई, जैसे शाम की इस बेला में उन्हें अचानक अपना घर याद आ गया हो!

उनके जाने के बाद मैं देर तक भटकता रहा। बार-बार टी.एस. इलियट की एक पंक्ति दिमाग़ में घूम रही थी—क्या कृष्ण का यही मतलब था?

मैं अँधेरे में चलता हुआ सोचता हूँ। कृष्ण ने क्या कहा था? जब कोई अपनी घर-गृहस्थी छोड़कर चला जाता है तो उसे किसी मदद या मतलब की ज़रूरत नहीं। वह अपने अँधेरे में चलता है—कैंसर के मरीज़ को अस्पताल में छोड़कर जब हम बाहर आ जाते हैं—खुले, निर्मम, करुणाहीन आकाश-तले—वहाँ भी तुम मदद के बाहर हो। शायद मदद की सीमा के बाहर ईश्वर की सीमा है, लेकिन वह उतना ही निस्सहाय है जितना तुम। दोनों ही एक-दूसरे के सामने अकेले हैं—ईश्वर को निस्सहाय पाकर भी उसमें विश्वास करना—क्या कृष्ण का यही मतलब था?

मैं अचानक एक रोशनी देखता हूँ। मेले की सीमा पर कुछ लोग बैठे हैं। ऊपर शामियाने की छत है—जगह-जगह से फटी हुई। हर सूराख़ से आकाश के तारे दिखाई देते हैं, पीछे झूँसी का मैदान है, जहाँ से कुत्तों के रिरियाने का स्वर रात के सन्नाटे को भेद जाता है।

दूर से ही एक छोटा, ज़मीन से एक फ़ुट उठा हुआ स्टेज दिखाई देता है—वहाँ राम-लक्ष्मण की मूर्तियाँ बैठी हैं, मैं घंटों बाहर ठंड और हवा में घूमता रहा था—शामियाने की रोशनी को देखते ही एक अजीब-सा धीरज मिलता है। तबले की सोई-सी धमाधमक और हारमोनियम पर उठता-गिरता, झूमता हुआ स्वर। मैं और पास चला आता हूँ, शामियाने के भीतर, जहाँ चालीस-पचास स्त्री-पुरुष सर्दी में सिकुड़े, गुड़मुड़ी-से बैठे हैं।

पता नहीं, इतनी रात बीते कैसी पूजा-प्रार्थना हो रही है! पासवाले व्यक्ति से पूछता हूँ, तो पता चलता है, मिथिला की कोई टोली है—एक भक्तमंडली, जो कुम्भ मेले का चक्कर लगाने आई है। मैं और पास खिसक आता हूँ—श्रोताओं की भीड़ में—पुराने कम्बलों और गूदड़ रज़ाइयों में लिपटी 'ऑडियंस' एकटक मंच को देख रही है।

सहसा राम आँख झपकाते हैं और लक्ष्मण बाँह मोड़कर कमर सीधी करते हैं; वे असली हैं, मूर्तियाँ नहीं, यह भ्रम अचानक टूट जाता है। लक्ष्मण इतने छरहरे, सुन्दर, शर्मीले हैं कि लगता है, कोई लड़की लक्ष्मण की वेशभूषा में बैठी है—शायद वह असली में, सचमुच लड़की है और यह बात मैं किसी से नहीं पूछता, ताकि इस बार मेरा भ्रम बना रहे। धूप और कपूर का धुआँ उड़ रहा है, हारमोनियम और तबले के बीच सोंधा भीगा स्वर भजन के कतरों को एक-एक करके उठाता है—आग्रह में, अनुनय में—एक आतुर उत्कंठा में, पर राम इतने निठुर हैं कि चेहरे पर ज़रा भी भाव, तनिक-सी आह, तिनके-भर की हमदर्दी भी नहीं लाते।

तब सहसा हारमोनियम तेज़ हो जाता है—तबला तिलमिलाता है। यह संकेत है, एक इशारा, जिसे पाते ही कोने में बैठी एक लड़की झटके

से खड़ी हो जाती है, जैसे कोई चमकीली कौंध, लपलपाती उल्का मंच के आगे चली आई हो...पाँव हिलते हैं, फिर हाथ। बारह-तेरह बरस की वह बच्ची नाचती हुई सहसा बड़ी होने लगती है—उन बिल्लियों की तरह जो कभी शरारत में फूलने लगती हैं, कभी राम के पास जाती है, कभी लक्ष्मण के—हँसती है, रोती है—भजन के हर पद के साथ मुद्राएँ बदलती है और हम सब दम रोके उसे देखते रहते हैं। दिन-भर की उदासी, विषाद, थकान—सब झरने लगते हैं, स्वयं राम पिघलने लगे हैं। जब लड़की उनकी ठुड्डी उठाती है तो उनका मुँह शर्म से लाल हो जाता है लेकिन बेचारे लक्ष्मण परेशान हैं। पता नहीं, एक ही मुद्रा में कितनी देर से बैठे हैं। शरीर अकड़ गया है—कभी-कभी सबकी आँख बचाकर उबासी ले लेते हैं—उन्हें लड़की की भाव-मुद्रा, तड़क-भड़क में कोई दिलचस्पी नहीं जिससे मेरा सन्देह और भी पक्का हो जाता है कि वह स्वयं लड़की है।

देर रात तक भजन चलते रहते हैं। लोग सर्दी और हवा को सहते हुए निश्चल बैठे रहते हैं। किन्तु लड़की के नृत्य और गायक के स्वर में कुछ ऐसी अकुलाहट, अथक उन्माद में डूबी आकांक्षा छलछलाती है कि अन्त में राम मुस्कराने लगते हैं, लक्ष्मण अपनी नींद भूलकर नर्तकी के बढ़े हुए हाथों को छूने लगते हैं—यही शायद चरमोत्कर्ष क्षण है, जब मुझे अपने पीछे सिसकियाँ सुनाई देती हैं। देखता हूँ, मंडली में बैठी कितनी ही स्त्रियाँ रो रही हैं। ख़ुशी और दुःख से अलग वह कौन-सा रस है जो सदियों से हमारी आत्मा को सींचता रहा है? हम अनजाने में अपने को अतिक्रमण कर लेते हैं; राम की सौम्य दृष्टि, बुद्ध की करुणा, नर्तकी की अनन्त पिपासा में झाँकती पीड़ा को एक साथ भोग लेते हैं।

मैं बाहर रात में चला आता हूँ। हवा में बहुत दूर तक हारमोनियम का स्वर सुनाई देता रहता है—वही स्वर बच्ची के पैरों पर थिरकता हुआ इतना उल्लासमय था—अब दूर अँधेरे में बहुत उदास और थका हुआ जान पड़ता है। मैं एक क़दम और लूँगा, और वह मर जाएगा।

उसकी गूँज कुछ दूर पीछे चलकर लौट जाएगी, खो जाएगी, ख़त्म हो जाएगी—सिर्फ़ मेरे लिए—क्योंकि दूसरों के लिए वह उस समय तक जीवित रहेगी जब तक लोग उसे सुनते रहेंगे। इसीलिए शायद मरता कुछ नहीं—न प्रेम, न स्वर, न कविता—जब तक हम उसे ख़ुद न मार दें, छोड़ दें, छोड़कर अपने स्वार्थ में उसे न भुला दें। कितना विचित्र है, सब धर्म मनुष्य को तृष्णा छोड़ने का आग्रह करते हैं, जबकि तृष्णा में जीवन की समूची, लपलपाती प्राणवत्ता छिपी रहती है। तृष्णा, जो आग है, अग्नि—आदि-आर्यों का सर्वप्रिय देवता, सूर्य का भाई। इसे मार दो, तो राख रह जाती है। क्या इसीलिए वे सब कुछ त्यागकर राख में लिपटे रहते हैं?

यदि तृष्णा से मेरा इतना लगाव है तो त्याग के प्रति इतना मोह क्यों? शायद इसी विडम्बना को झेलने के लिए मैं कुम्भ आया था। किन्तु आधी रात के सन्नाटे में लगता है, मैं कुछ भी नहीं झेल पाया हूँ—मैं वहीं हूँ जहाँ पहले था, जहाँ से चलकर आया था।

वह पहली रात थी, तब उन्होंने मुझे बुलाया था। झूँसी के एक छप्पर-तले...वह अकेले आग ताप रहे थे। मैं पास आया तो तेज़ स्वर में दुत्कार दिया, "जूते उतारकर आओ।"

मैं नंगे पाँव उनके पास आकर बैठ गया। पच्चीस से अधिक उम्र न होगी—गौरवर्ण, पतली देह, दाढ़ी के पहले बाल आग की लपटों में चमचमा रहे थे। झुकी हुई मूँछें ऊपरी होंठ को ढकती हुई नीचे दाढ़ी में आकर खो गई थीं—बिलकुल रामकृष्ण परमहंस की तरह।

"एक बात कहूँ?" उन्होंने चिलम मुँह से हटाकर मेरी ओर देखा। "तुम्हें कुछ लेकर आना चाहिए था।"

मैं समझा नहीं और उनकी ओर देखता रहा। उन्होंने चिमटे से जलती लकड़ी की राख कुरेदी। फिर एक लम्बी सूखी डंडी को बाहर निकाला—आधी झुलसी हुई, आधी राख से भरी।

"यह देखते हो?"

"हाँ...।"

"क्या है?"

"एक लकड़ी," मैंने कहा।

"तुम्हें इस लकड़ी को अपने कन्धे पर रखकर चलना चाहिए।"

एक क्षण भीतर उत्कट इच्छा हुई, उसे ले लूँ, जैसे यही एक सच है, जिसका कोई मतलब निकलता है, किन्तु उन्होंने मुझे झिझकते देख लिया था; चिमटे में लकड़ी को दबाकर दुबारा आग में डाल दिया था।

मैं चला आया। पीछे मुड़कर भी नहीं देखा। मैं कतरा गया था। ऐन मौक़े पर किसी विराट चमत्कार से वंचित रह गया था। बहुत देर तक राख और लपटों के बीच उनका स्वर मेरे कानों में गूँजता रहा, जैसे वह बार-बार मुझसे कह रहे हों—लो, यह लकड़ी, पेड़ की एक शाख़, जिसे सलीब बनाकर जीसस अपने कन्धे पर ढोते हुए गोलगोथा के टीले पर चढ़े थे। यह वही टहनी है, एक शाख़, राख और चिंगारियों में मनुष्य की शाश्वत वेदना में सुलगती हुई...जिस पर कृष्ण बैठे थे, पैर पर तीर से बिंधे हुए, लहूलुहान, क्षत-विक्षत, हवा में झूलती अनेक शाख़ाओं के बीच समूची गीता का मर्म ख़ून के क़तरों में बूँद-बूँद टपक रहा था...।

शायद मेरे लिए कुम्भ-घटक में यही कुछ बूँदें बची हैं—मैंने अँधेरे में चलते हुए सोचा—मैं इतनी दूर उन्हें समेटने आया हूँ, जैसे कोई अपनी मृत्यु के बाद स्वयं राख में अपनी अस्थियाँ समेटता हो, पोटली में बाँधता हो, गंगा में बहा देता हो। शायद यही इस फैले प्रसार का सन्देश मेरे लिए है—सोए हुए झोंपड़ों, रेत के ढूहों, मेले के मैदान पर सिर उठाए सूने वॉच टॉवर पर टिमटिमाती नीली रोशनियों पर यही एक विचार फड़फड़ाता हुआ मुझे भींच लेता है—अपने घटक में स्वयं अपनी हड्डियों को जमा करना—जिनमें दूसरों का समूचा कष्ट चिपका है—

शायद यही ईश्वर है...एक नास्तिक के लिए, जो न कर्म में विश्वास करता है, न दूसरे जन्म में। मृत्यु के बाद सिर्फ़ शून्य को सत्य मानता है—उसके लिए ईश्वर को सिर्फ़ इस राख, इन अस्थियों, ख़ून की इन कष्ट-भीगी बूँदों में ही ढूँढ़ना होगा...।

मैं बाँध पर चला आता हूँ, हनुमान का मन्दिर अब सूना पड़ा है। एक बिल्ली किसी मकान की छत से नीचे कूदती है और अपनी हरी चमकती आँखों से मुझे घूरती हुई क़िले की दीवार की ओर चली जाती है।

धुंध और चाँदनी में क़िला अपने में एक स्वप्न जान पड़ता है, जैसे मेरे साथ सटा हुआ शताब्दियों से ऊँघ रहा हो। नंगे आकाश-तले लोग सो रहे हैं—आदमी, औरतें, बच्चे—झीनी-फटी चादरों में लिपटे हुए, जनवरी की रेतीली ठंड में काँपते, ठिठुरते हुए।

बाँध के अन्तिम सिरे पर पहुँचकर पाँव सहसा ठिठक जाते हैं—दिल धड़कने लगता है—दाईं ओर जमुना है, जिसमें मेले की हज़ारों बत्तियाँ टिमटिमा रही हैं। लगता है, एक मेला ऊपर है, एक नीचे, जमुना के पानी पर जहाँ रोशनियों का प्रतिबिम्ब स्वयं रोशनियों का एक सिलसिला शुरू कर देता है। गंगा के पुल से अरैल तक कुम्भ मेले का एक चमकता पन्ना खुल गया है—रोशनियाँ, अँधेरे के द्वीप, कहीं-कहीं दूर जलती हुई आग की लपटें। कहीं बहुत पीछे गंगा का टापू है—स्वयं गंगा है, जो धुंध और अँधेरे में छिप गई है। दस मील फैला कुम्भ का मैदान एक झपक में अपने हज़ारों यात्रियों की नींद में सिमटा हुआ दिखाई दे जाता है।

एक उच्छ्वास उठती है। मेले के मैदान पर सरसराती हुई—जैसे नीचे की रोशनियों और आकाश के बीच मेरी स्मृतियाँ बाहर निकली हों—

रेत पर चलती हुई बंगाली लड़की, ज़मीन पर लौटते हुए डंडी महात्मा, सच्चे महाराज की अँधेरी झोंपड़ी में टिमटिमाती लालटेन, जिसके नीचे मैं अपनी डायरी के नोट्स लिखता था। शायद अन्त में स्मृति के ये अंक बचे रह जाते हैं; न इस धरती के, न ईश्वर के—किन्तु दोनों को एक 'एपिक' गाथा में बाँधते हुए। मेरे लिए कुम्भ मेला अपने में एक बहता, अनलिखा महाकाव्य था—ग़रीबी, गौरव, सुख, यातना को एक कड़ी में पिरोता-मिटाता हुआ, बालू पर मनुष्य की भाग्यरेखा को अंकित करता, मिटाता हुआ—रिल्के ने जिस देवदूत (एंजिल) से ईर्ष्या की थी, जो ईश्वर के पास है, क्या उसका प्रतिरूप इस दुनिया में लेखक नहीं है : एक रिपोर्टर, एक ख़बर देनेवाला हरकारा—दोतरफ़ा दूत—जो ईश्वर की ख़बर मनुष्य को और धरती का सौन्दर्य कहीं दूर ईश्वर को देता रहता है—एक ऐसा ईश्वर, जो शायद नहीं है, किन्तु जिसे वह सुलगती लकड़ी की तरह कन्धे पर रखकर चलता है। मुझे नहीं मालूम, लेकिन मैं इस पर विश्वास करना चाहूँगा, इस विश्वास के सहारे जीना चाहूँगा।